경제사문고 002

반기업 정서: 미국과 일본

양동휴 · 이철희 · 정진성 지음

도서출판 해남

반기업 정서: 미국과 일본

초판1쇄 인쇄 2016년 10월 20일
초판1쇄 발행 2016년 10월 25일

지은이 양동휴 · 이철희 · 정진성
발행인 노현철
발행처 도서출판 해남

출판등록 1995. 5. 10 제 1-1885호
주 소 서울특별시 서대문구 충정로 38-12(충정로 3가) 우리타워 6F
전 화 739-4822 팩스 720-4823
이 메 일 haenamin30@naver.com
홈페이지 www.hpub.co.kr

I S B N 978-89-6238-902-9 93320

머리말

이 책은 2008년 4월 서울대학교 기업경쟁력센터와 한국경제연구원이 공동 주최한 〈반기업 정서〉 심포지엄에 발표된 글 중 일부를 모은 것이다. 이후 개정된 원고는 각기 다른 학술지에 실렸다. 따라서 집필 후 약간 시간이 흐른 셈이지만 그간 '반기업 정서'나 그 연구 성과에 별로 달라짐이 없을뿐더러 이렇게 모아 놓으니 해남 '경제사 문고'의 한 권으로도 손색이 없고 경제사가 현실에 가지는 시사점을 보여 주는 면에서도 아직 시의적절하리라 자평한다. 시사점은 제3장 마무리에 보듯이 자명하다. 단지 2008년 세계 금융 위기 이후 '반금융 정서'가 새롭게 고조되었고 금융 규제가 심화되는 변화가 있었다(Dodd Frank 법 등). 그러나 이는 책의 제2장 내용을 고쳐야 할 정도의 성격은 아니고 '반기업 정서'가 역사상 거의 미국과 우리나라에만 국한된다는 책의 주장을 뒤집는 것은 더욱 아니다.

책의 내용은 다음과 같다.

첫 번째 글은 「미국의 반대기업 정서와 독점 규제」이다. 일반적으로 선진 공업국들의 기업 · 정부 관계는 우호적 · 협조적이었다. 이와는 대조적으로 미국에서는 적대적으로 보이는 경우가 많았는

데 그 이유는 무엇일까. 미국에서 반기업 정서는 19세기 말 대기업 등장 이후에 분출되었다. 따라서 기업에 대한 반감이란 기업 전반이 아니라 대기업에 대한 것이다. 미국에서 대기업 규제의 원인은, 첫째 공적 관료제 발전이 지연되면서 급속도로 성장한 대기업이 부자연스럽게 느껴짐에 따라 미국은 유럽이나 일본과 달리 대기업을 규제하기 시작했다. 둘째, 대기업이 기존 중소기업을 도태시키거나 이들에 대한 위협으로 느껴졌다는 것이다. 19세기 말에 반(反)대기업 정서가 생성되고 주간통상법, 셔먼법이 통과된 것은 농민과 소상인, 소생산자들이 대기업에 희생당했다고 생각하여 정치적 로비를 조직한 결과이다. 이러한 인민주의를 이어받은 혁신주의는 기업과 정치의 무한 권력에 대항하여 개인의 자유를 재확인하고 반독점 정책에 의해 자본주의의 방향을 수정하고자 했다. 즉, 반대기업 정서와 기업 · 정부 간 적대적 관계는 공적 관료제 발전의 지연과 대기업 '희생자'의 정치력이었다. 연방정부 규모가 커지고 대기업의 '희생자'들이 거의 도태되었기 때문에 대기업에 대한 반감은 사라졌다. 향후 기업에 대한 규제는 가격/진입 부문은 완화, 환경/안전 부문 등은 강화가 예상된다. 반독점 운동은 제도화되어 계속 전문가들의 손에 맡겨질 것으로 보인다.

두 번째 글은 「미국의 반금융자본 정서와 금융 규제의 장기적 변모」이다. 대기업이나 대규모 금융 회사와 같은 거대 기관에 대한 미국 대중의 반감은 매우 오랜 역사적 기원을 가지고 있으며, 이것이 미국에서 특히 강하게 나타난 것은 미국 고유의 정치적 · 사회적 · 문화적인 특성에 기인한 바 크다. 특히, 거대 금융 회사에 대한 적대감은 일반적인 대기업에 대한 반감보다 더 강하게 나타났는데, 이는 금융 기관이 타인의 돈을 이용하여 대기업들을 포함한 미국 경제 전반과 더 나아가 정치까지도 좌지우지하고 있다는 인식에서 비롯된 것이었다. 이와 같은 정서적인 적대감은 거대 금융 회사에 대한 정치적인 공세와 강력한 규제로 표출되었다. 특히, 1930년대의 대공황은 미국의 반금융자본 정서를 강화시키는 계기가 되었다. 거대 금융 회사와 금융업자들은 1930년대 초의 금융 위기를 초래한 범죄 집단으로 취급되었고, 이들에 대한 정치적인 공격은 1930년대의 뉴딜 금융 개혁의 중요한 동력이 되었다. 뉴딜 금융 개혁은 금융 시장의 안정성과 투명성을 높여서 투자자와 예금자를 보호하는 것을 목적으로 한 것이었으나, 다른 한편으로 거대 금융 회사의 영향력을 크게 축소시키는 내용을 포함하고 있었다. 근래의 실증적인 연구들에 따르면 이 시기에 이루어진 금융 관련 규제는 미국 금융 부문의 효율성과 산업의 경쟁력에 부정적인 영향을 미쳤던 것으로 평가된다. 1930년대에 형성된 미국 금융 규제의 기조는 1970년 이후 대내외적인 거시경제적 여건의 악화와 국제 금융 시장의 경쟁의 심화로 인해 미국 금융 산업이 위기에 봉착하면서 변화를 겪게 된다. 이후 금융 기관의 인수 합병과 업무 영역 등에 대한 규제가 완화되기 시작했으며, 1990년대 말에 이르러서는 1930년대에 형성된 금융 규제의 대부분이 철폐되거나 무력화되었다.

세 번째 글은 「재벌 비판을 통해 본 일본의 반기업 정서」이다.

일본 대중의 강력한 반기업 정서가 분출된 사건이었던 재벌 비판은 쇼와 공황에 따른 대중의 경제적 궁핍, 그리고 보통선거제 실시 이후 크게 확대된 대중의 정치적 요구를 기존의 정당 정치가 수용하지 못하고 있는 상황을 배경으로 하여 일어났다. 재벌 비판의 선봉에 선 집단은 대중의 누적된 불만을 적극적으로 수용한 국가주의 운동 그룹이었다. 이들은 재벌 비판을 기업 비판에서 체제 비판의 차원으로 확대시켰다. 재벌 비판의 결과 재벌은 이른바 재벌 전향이라는 일련의 조직 변경, 제도 개혁을 실시했으며, 재벌의 기업으로서의 행동은 정치 논리에 의해 크게 제약을 받게 되었다. 한국과 비교할 때 재벌 비판에서는 재벌의 치부 과정 및 소유 경영 체제에 대한 비판은 별로 보이지 않았다. 메이지기의 정상적 활동이 국사로서 인식되었으며, 봉쇄적 소유 구조에도 불구하고 반토 경영의 전통이 전문 경영자 체제가 비교적 쉽게 자리잡을 수 있는 기반이 되었기 때문이다.

끝으로 초고 집필을 위해 연구 지원을 제공한 서울대학교 발전기금과 이를 주선한 이승훈 교수님께 감사한다.

2016년 10월

저자 일동

차례

미국의 반대기업 정서와 독점 규제

양동휴

미국의 반금융자본 정서와 금융 규제의 장기적 변모

이철희

재벌 비판을 통해 본 일본의 반기업 정서

정진성

미국의 반대기업 정서와 독점 규제

양동휴

I 적대적 기업 · 정부 관계: 미국적 특징

일반적으로 선진 공업국들의 기업 · 정부 관계는 우호적 · 협조적이었다. 이와는 대조적으로 미국에서는 적대적으로 보이는 경우가 많았는데 그 이유는 무엇일까? 듀퐁 그룹의 전 회장 그린월트(Crawford Greenwalt)의 말대로 "영국이나 다른 유럽 국가에서라면 직위를 받거나 그와 유사한 보상이 주어지는 행위로 인하여, 미국에서는 나나 내 동료들이 법정에 서야 하는 일이 계속 일어나는 까닭은 무엇일까." 실제로 영국에서는 1926년 Imperial Chemical Industries를 대규모 합병을 통해 독점적 지위로 올려놓은 대가로 당시 그룹 임원이던 맥고완 경(Sir Harry McGowan)과 몬드 경(Sir Alfred Mond)은 작위를 받고 세습 귀족이 되었다(각각 Lord McGowan, Lord Melchett). 미국에서라면 당장 반독점 소송에 걸릴 일이다(Chandler, 1980: 1-2, 10).

미국에서 반기업 정서는 19세기 말 대기업 등장 이후에 분출되었다. 기업에 대한 반감이란 기업 전반이 아니라 대기업에 대한 것이다. 남북전쟁 이전에는 기업가, 농장주가 정부에서 일했고 정치가들이 사업을 했다. 그러던 것이 산업화와 도시화가 진행됨에 따라 기업과 정부의 규모가 커지고 업무 내용이 복잡해졌다. 철도와 유통업, 제조업에서 등장한 대기업에서는 전문 경영인이 대두했으며 대중 교육과 도시 행정을 위해 정부 관료가 늘어났다. 정부 규모는 지방정부 쪽에서 먼저 커졌다. 연방 수준에서 공적 관료 조직은 대공황과 제2차 세계대전 이후에야 대규모로 팽창했다. 그러나 유독 미국에서는 정부보다 기업 부문이 먼저 성장했다. 1890년대에 철도 회사 직원이 10만 명이 넘었을 때 연방정부 공무원은 2만 명, 군인들은 4만 명에 불과했다. 1929년에 연방정부 공무원 수는 6만 8,000명으로 이는 U.S. Steel이나 General Motors, Standard Oil(N.J.) 같은 대기업의 직원 수보다 훨씬 적었다. 이와 같이 공적 관료제 발전이 지연되면서 급속도로 성장한 대기업이 부자연스럽게 느껴짐에 따라 미국은 유럽이나 일본과 달리 대기업을 규제하기 시작했다. 철도 회사를 규제하기 위한 주간통상법(Interstate Commerce Act, 1887)과 산업체에 대응한 셔먼반독점법(Sherman Antitrust Act, 1890), 그리고 클레이튼법(Clayton Act, 1914), 연방통상위원회법(Federal Trade Commission Act, 1914)이 그 대표적 예들이다. 다만 〈그림 1〉에서 보는 바와 같이 다른 나라들은 철도 및 주요 산업이 국영화되어 있으므로 단순 비교하는 것은 과장의 소지가 있음을 일단 지적해 두자.[1)]

미국에서 대기업 규제가 시작된 원인 중 하나는 대기업이 기존 중소기업을 도태시키거나 이들에 대한 위협으로 느껴졌다는 것이다. 우선 대기업 형성 과정을 살펴봄으로써 중소기업에의 영향을 검토하자(Chandler, 1977; 양동휴, 1994: 제7장).

근대적 대기업(modern industrial enterprise), 즉 여러 소단위 업체로 구성되어 피라미드 형태의 경영자 그룹이 운영하는 기업은 언제 어

1) McCraw(1984a), 그림은 p. 34에서 인용.

〈그림 1〉 주요 국가별 산업별 공기업 비중

	우편	통신	전기	가스	석유 생산	석탄	철도	항공	자동차 산업	철강	조선
호주	●	●	●	●	○	○	●	◕	○	○	NA
오스트리아	●	●	●	●	●	●	●	●	●	●	NA
벨기에	●	●	◔	◔	NA	○	●	●	○	◑	○
브라질	●	●	●	●	●	●	●	◔	○	◕	○
영국	●	●	●	●	◔	●	●	◕	◑	◕	●
캐나다	●	◔	●	○	○	○	◕	◕	○	○	○
프랑스	●	●	●	●	NA	●	●	◕	◑	◕	○
서독	●	●	◕	◑	◔	◑	●	●	◔	○	◔
네덜란드	●	●	◕	◕	NA	NA	●	◕	◑	◔	○
인도	●	●	●	●	●	●	●	●	○	◕	●
이탈리아	●	●	◕	●	NA	NA	●	●	◔	◕	◕
일본	●	●	○	○	NA	○	◕	◔	○	○	○
멕시코	●	●	●	●	●	●	●	◑	◔	◕	●
대한민국	●	●	◕	○	NA	◔	●	○	○	◕	○
스페인	●	◑	○	◕	NA	◑	●	●	○	◑	◕
스웨덴	●	●	◑	●	NA	NA	●	◑	○	◕	◕
스위스	●	●	●	●	NA	NA	●	◔	○	○	NA
미국	●	○	◔	○	○	○	◔	○	○	○	○

○ 모두 또는 대부분이 개인 소유 ● 모두 또는 대부분이 공적 소유 ◕ 75% ◕ 50% ◕ 25%

NA-해당되지 않음

Adapted from a chart in *The Economist*(London), December 30, 1978

자료: MaCraw(1984a: 34).

떻게 생겨났는가. 그것은 역사적으로 기술이 진보하고 시장이 커지면서 소단위 단일 기업이 시장을 통해 자원을 배분하는 것보다 대기업의 자원을 배분하는 것이 더 효율적일 때 등장했다.

대기업이 탄생하게 된 배경은, 첫째 시장의 확대였다. 인구 증가, 도시화, 국민 소득의 증대에 따라 시장의 절대적 규모가 커지고 교통 · 통신의 발달로 전국적 시장권이 성립되었다. 둘째, 기술 혁신의 진전이다. 특히, 19세기 말 이후 서유럽과 미국에서 소위 2차 산업화가 진행되면서 기계, 전기, 화학 등 신산업 부문의 기술 혁신이 이루어져 대량 생산의 기초가 마련되었다. 예들 들어, 파이프라인 기술이 발달해야 대형 정유 공장이 세워질 수 있다. 이러한 배경에서 19세기 마지막 4분기의 장기 불황으로 기업들의 수직적 · 수평적 결합을 통한 산업 조직의 독과점화가 이루어지면서 대기업화가 더욱 진전되었다.

미국에서 대기업은 교통 · 통신의 발달, 대량 분배, 대량 생산, 이어 대량 생산과 대량 분배가 결합하는 순서로 나타났다. 미국은 땅이 넓어서 교통 · 통신의 발달이 중요했다. 기업이 넓은 지역을 포괄하려면 규모가 커야 했고 필요한 자금 규모도 컸다. 당시 미국의 상업은행들은 지점망이 빈약하고 소규모여서 대규모의 장기적인 시설 자금을 조달하기에 역부족이었다. 그래서 이미 19세기 초 운하 건설 때부터 지방정부와 런던 자본 시장의 역할이 컸다.

19세기 후반부터 아주 빠른 속도로 건설된 전국적인 철도 · 전신망은 한편으로는 시장을 확대하여 생산 및 분배에서의 혁신을 가능하게 했고, 다른 한편으로는 거꾸로 토목 · 건축 · 철강 산업을 활성화하고 투자 금융 시장을 발달하게 했다. 선점(先占)으로 인한 이

득이 절대적이었던 철도와 같은 자연 독점 산업에서는 투자 자금을 확보하는 것이 필수적이었다. 이들 산업은 필요한 자금을 투자 은행(investment bank)을 통해 주식, 사채 등을 발행해 조달했다. 이에 따라 발달한 투자 은행은 이후 각 산업 부문의 기업 대형화에 큰 영향을 미치게 된다.

미국의 철도 산업 자체가 근대적 대기업 등장의 산실이다. 철도 산업은 외부 자금을 대규모로 동원하기 때문에 재무 관리와 감사가 특히 중요했다. 기업 규모가 커지면서 조직이 정비되었고 전문 경영인도 많이 필요했다. 기술 진보와 회계 방식 혁신도 촉진되어 철도 산업은 가히 미국 경영 혁명의 효시라 할 만했다. 19세기 말과 20세기 초에 과잉 투자, 카르텔 결성, 기업 합병 등의 우여곡절 끝에 철도 산업이 연방정부의 직접 규제의 첫 번째 대상이 된 것도 우연이 아니다.

미국을 제외한 다른 선진 공업국에서는 철도가 도입된 이후에도 도로, 수로, 운하, 연안 해운 등이 잔존하며 여전히 일정 부분 역할을 했으나 미국에서는 철도, 전신 등을 운영하는 대기업이 교통·통신 산업을 장악하는 정도가 다른 나라에 비해 상대적으로 컸다. 더욱이 미국의 철도 회사들은 운송 요금을 매길 때 비용 효율의 원칙에 따랐다. 즉, 대량 장거리 수송이 소량 단거리 수송보다 단위당 요율이 낮게 부과되었다(소위 long-haul, short-haul debate). 벽지의 소비자, 즉 소규모 상인 및 운송업자, 그리고 농민들은 그러한 요금 체계를 차별로 받아들여 크게 반발했다. 철도 운임을 규제할 주간통상법은 이들 대기업 '희생자'들의 정치력을 배경으로 만들어진 것이다. 이에 따라 '공정하고도 사리에 맞는 운임'(just and reasonable rates)을 관장하도록 주간통상위원회(ICC)가 설립되었다. 그것은 농민을 포함하여 소상인, 소생산자들의 집단 운동인 인민주의(人民主義, populism)에 기반을 둔 조직적 활동의 산물이었다.

대량 분배의 등장, 즉 유통 구조의 혁신도 이때 이루어진다. 1870년대에 미국에서 수수료를 받고 상품을 판매하던 도매상이 이를 직접 구매 · 판매하면서 포장, 상표 부여, 광고, 신용 판매의 기능까지 갖추어 대형화하기 시작한다. 이들이 취급하는 상품의 규모가 늘면서 단위비용이 감소하고 이윤이 증가했다. 유통 산업에서는 재고 순환 속도를 빠르게 하는 것이 규모보다 더 중요했다. 그래서 마케팅에 중점을 두어야 경쟁력이 있었고, 또한 급성장하는 시장을 선점하는 것이 경영의 관건이었다. 이러한 전환은 교통 · 통신(철도, 전신)의 발달, 계약 등의 거래 기술 발전, 유통 경로 단축, 상품 운송의 정확성 제고 등의 여건이 마련됨으로써 가능해졌다. 이들 도매상은 서부로 이동하면서 국내와 해외의 직접 생산자에게서 상품을 매입할 수 있는 구매망, 그리고 농촌과 도시의 소매점 모두를 포괄할 수 있는 확장된 판매망을 조직했다.

이처럼 19세기 후반 미국 유통 구조에서 가장 중요한 혁신을 이룬 대도매상들이 그 지위를 잠식당하기 시작한 것은 유통 경로의 양극단에서 두 유형의 경쟁자가 출현하면서부터였다. 첫 번째 유형은 대소매상(大小賣商)들이었다. 이들은 제조업체에서 구매한 상품을 소비자에게 직접 연결해 줌으로써 유통 구조를 혁신시켰다. 백화점, 통신판매점, 연쇄점들이 그 효시다. 미국에서 백화점의 기원은 두 가지이다. 첫째, 도매업자가 취급 상품을 소비자에게 직접 판매하기 위해 소매점을 설립한 후, 점차 여러 가지 상품을 추가적으로 판매하면서 백화점으로 발전한 경우이다. 둘째, 다른 경로에 의해 의류, 잡화를 판매하던 소매상이 가구, 보석 등의 추가 매장을 만들면서 백화점이 된 것이다.

백화점은 남북전쟁 직후 뉴욕에서 가장 먼저 발달했다. 백화점이 존립하려면 좁은 지역 내에 집중적인 수요가 존재해야 한다. 그런 조건을 충족한 곳이 바로 1870년대 뉴욕이었다. 도시화의 진전에 따라 다른 곳에도 백화점이 설립되었다. 백화점으로 발전하는 과정은 도매상으로 출발한 상인에게서보다 소매상에서 시작한 상인에게서 더욱 빨랐다. 거의 모든 백화점이 박리다매 전략을 채택했다. 중간상을 배제하고 생산자에게서 직접 대량 구매함으로써 구입 원가를 낮추고 상품의 빠른 회전에 힘입어 마진을 축소하여 저렴한 가격으로 상품을 판매할 수 있었다. 백화점의 성장으로 도시의 소규모 소매업자들이 크게 위협을 받았으나 도매상들은 도시가 아닌 지방 점포를 주로 상대하며 여전히 시장을 장악하고 있었기 때문에 타격이 그리 크지 않았다. 하지만 통신판매점이 등장한 이후에는 이들도 사정이 달라졌다.

통신판매점(通信販賣店)은 농촌 시장이 중요한 미국적 상황에 적응한 대소매상의 한 유형이다. 이들은 새로운 교통 · 통신 수단을 백화점보다 더 적극적으로 이용하여, 취급 상품의 목록을 담은 안내서를 소비자에게 우편으로 보내고, 상품을 주문받아 배달했다. 따라서 이들이 농촌의 구매자에게도 접근할 수 있게 되었고, 이 방식이 1890년대에 들어 크게 확산·성장했다. 통신판매점은 제조업자와 직접 접촉함은 물론, 필요한 상품을 자체 구매 조직을 통해 확보하거나 직접 공장을 세워 만들기도 하면서 상품 구매, 주문 접수, 상품 발송 등의 모든 업무를 체계적으로 조직하여 상품을 대량으로 빠르게 팔았다. 그 결과 20세기에는 통신판매점이 백화점과 대도매상의 매출액을 압도하고, 농촌의 소매상과 도매상의 존립도 위협하기 시작했다.

연쇄점(連鎖店, chain store)은 남북전쟁 이후 처음 출현했으나 20세기에 들어서 본격적으로 성장했다. 맨 처음 이들은 대소매상들의 활동이 별로 없던 부문과 지역, 즉 잡화나 의류보다는 식료품, 약품, 가구를 주로 취급하면서 대도시나 농촌 지역보다는 소읍, 소도시, 대도시 교외 지역에서 출발했다. 애초에 전국적인 시장보다는 지역 시장 중심으로 발달했으나, 1910년대에 크게 성장하면서 전국적 판매망을 갖추었다. 특히, 연쇄점은 1920년대 이래 자동차가 보급되고 이에 따라 교외 지역들이 늘면서 지역적 소비 수요도 빠르게 변화하는 상황에 잘 대응하여 다른 유형의 대소매상들보다 급속히 확산되면서 미국 대소매상의 전형으로 자리를 잡았다.

1920년대에 농촌 시장이 퇴조하기 시작하면서 주요 통신판매점이 수백 개의 소매 연쇄점을 각지에 만들었다. 백화점은 도시화의 진전에 발맞추어 도시 교외 지역에 지점을 세웠다. 다른 형태의 대소매상들도 판매망을 확산시키는 전략을 썼다. 이렇게 해서 1860년대에 시작한 소매업의 혁명이 일단락되었다.

두 번째 유형은 1880-1890년대에 신산업 부문에 대량 생산이 일찍 도입되어 기존 유통망으로 대량의 물량을 소화하기가 어려워지자 나타난 것으로 자체 유통망을 구축한 것이다. 즉, 제조업이 도매상 기능을 흡수하고 자체의 구매망도 조직하면서 전국적인 광고 활동도 적극적으로 전개했다. 이러한 산업에는 두 가지가 있다.

첫째, 연속 공정 기계(連續工程機械, continuous process machine)를 도입하여 대량 생산을 시작한 산업들이다. 이들은 교통 · 통신의 발달에 따른 시장 확대의 가능성에 대응해 새로운 기계를 도입하여 대량 생산을 했으나 기존의 유통망으로는 상품이 제대로 처분될 수 없다는 것을 깨닫고 이에 대처하기 시작했다. 이들 상품(궐련, 성냥, 제분, 통조림, 사진 필름 등 주로 포장된 저가 소비재 상품)은 상품 한 단위의 가격이 낮았으므로 더 이상 가격을 낮추어 보아야 수요를 늘리기는 어려웠다. 그래서 적극적인 광고를 하는 등 유통의 어려움을 극복하려는 여러 노력을 경주하면서 직접 원료를 사들이는 작업도 병행했다.

둘째, 유통에서 특별한 주의나 기술을 요하는 제품을 생산하는 산업들이다. 이는 다시 고가의 복잡한 신상품 기계제조업(機械製造業: 농기계, 재봉틀, 타자기, 펌프, 엘리베이터)과 부패성 상품(腐敗性 商品: 포장육, 맥주, 우유)을 제조하는 산업 두 유형으로 분류할 수 있다.

고가의 복잡한 기계들은 대부분 신상품들로서 적극적인 광고와 판로 개척, 사용 방법의 설명, 소비자 금융, 애프터서비스, 수리 등이 판매를 위한 전제 조건이었다. 따라서 이들 산업은 자체 유통망 구축이 절실했으며 대량 생산에 소용되는 원료를 구매할 자체 구매 조직도 만들어 직접 제재소, 제철소, 제강소 등을 소유하기도 했다.

또한 부패성 상품이 전국적으로 유통되기 위해서는 살균 처리 기술 개발과 냉장차 도입이 필수적이었다. 예를 들어, 1870년대 말에 도시화가 진행되고 있는 미국 동부에 식육 공급이 부족했다. 1850년대 이래 살아 있는 소를 많은 경비를 들여 동부로 수송했을 때 운반된 소의 60%는 상품 가치를 상실하였고, 수송 도중 소의 중량이 줄거나 죽는 일이 많았다. 스위프트 같은 식육업자는 냉장차를 제조하여 서부의 식육을 동부로 수송하는 혁신적인 유통 방법, 그리고 도축업을 한 군데에 집중시켜 대규모 영업을 가능하게 함으로써 단위당 비용을 절감할 방안 등을 모색하였다. 나아가 냉장차 도입, 도시마다 냉장 창고와 판매 사무소 설치, 운반에 필요한 인원과 장비 확보, 목축 지역에 대규모 정육 공장 건설 등 판매망을 갖추는 혁신을 이루었다. 이후 1880년대 말쯤이면 다른 도매업자들과 과일 · 맥주 회사들도 스위프트의 전략을 따르기 시작했다.

이 산업들은 대량 생산과 대량 유통을 결합시켜 가격을 낮추고도 높은 이윤을 유지하며 과점적 지위를 확보했다. 선점한 기업이 조직한 자체 유통망이야말로 신규 기업에게 가장 큰 진입 장벽이었다. 장기 불황기(1873-1896)에 만발한 카르텔을 불법화한 셔먼법(1890)

은 오히려 기업 합병을 부추겨 독점적 산업 조직이 형성되었다. 이때 비용 절감을 이루지 못하면 과잉 팽창의 결과 도산하였으며, 대량 생산과 대량 분배의 결합에 성공한 식품, 기계, 전기, 화학, 석유, 자동차 등 신종 산업에서는 기업집중과 대기업이 잘 유지될 수 있었다. 지금도, 그리고 다른 나라들도 대기업의 산업별 분포는 이때와 비슷하다.

이와 같이 대형 유통업자와 대규모 제조업의 구매, 판매 부서와 경쟁하여 도태당하거나 그럴 위험에 처했던 일반 소상인들과 도매상들이 위협을 느꼈을 것은 당연하다. 지방 정치에 세력을 과시하던 이들과 농민들의 반발이 강력하여 이미 1890년경에 대기업을 규제하는 주정부 입법이 만연하였다. 이들의 반감을 연방 차원에서 그냥 받아들인 것이 셔먼독점법이다. 이후 10년간 이에 대한 연방 사법부의 모호한 태도는 아직 중앙정부의 미성숙함을 반영한다. 1912년 대통령 선거에 나온 네 후보 모두 '대기업 때려잡기' 공약을 내세웠으며, 19세기 말과 20세기 초에 반대기업 정서와 이를 반영한 정부 정책이 만연했다. 반기업 감정은 1920년대 호황기에 잠시 누그러졌다가 대공황 시기에 다시 팽배했고, 1950-1960년대 호황기에 거의 쇠퇴했으나, 1970년대 이후 대기업은 다시 자원 고갈과 환경 파괴의 주범으로 공격받았다. 그러나 이때는 이데올로기가 바뀌었고 행정적 규제도 사법적 반독점 소송도 성격이 많이 달라졌다.

미국에 비해 유럽과 일본의 대기업은 중소기업에 그다지 큰 타격을 가하지 않았다(Chandler, 1980: 7-9). 땅덩어리가 넓지 않은 국토에서 철도 건설은 도로, 강, 운하, 연안 해운과 경쟁하지 않고 서로 연결되는 방식으로 이루어졌다. 철도 운영이 주로 공기업 형태로 운영되었기 때문에 이윤이나 비용 개념이 덜하고 공익이 고려되었다. 영국은 교통 기관끼리 협조 경영을 모색했다. 또한 대규모 소매상이나 제조업체가 기존 도매상을 대체하지 않았다. 소비재 부문에서는 대기업이 출현하는 것 자체가 늦었다. 영국 국내 시장은 규모가 작고 밀집된 도시에 집중되었으며, 유통 조직이 가족 기업으로 일찍부터 발달했다. 그렇게 이미 잘 발달된 유통 부문에 대기업이 진출하려 하지 않았으므로 영국에서 대기업에 대한 반발은 중간층보다 노동 계급에서 나왔다. 생산재, 즉 금속 · 기계 · 화학 산업은 경쟁 제한, 수출 시장 확보와 관련하여 정부와 우호적 관계에 있었다. 생산재 부문에서 중소기업의 대기업에 대한 반발은 더욱 드물었고, 국제 경쟁력을 확보하기 위한 차원에서 정부의 도움이 있었다. 예를 들어, 정부가 British Petroleum이나 Imperial Chemicals 등의 형성에 일조한 것이다.

결국 미국적 특징인 기업 · 정부 간 적대적 관계의 진원지는 공적 관료제 발전의 지연과 대기업 '희생자'들의 강력한 정치력이라고 할 수 있다. 이하에서는 이 두 가지 배경을 중심으로 대기업에 대한 반감의 생성과 발전 그리고 쇠퇴 과정을 살펴보고 향후 전망을 시도한다. 선진 공업국의 반기업 정서를 검토하는 일은 반기업 정서 때문에 경제적 복지가 위협받는다는 요즈음 우리나라의 현안에 타산지석이 될 수도 있을 것이다.

나머지 글의 구성은 다음과 같다. 제 II 절에서는 미국의 반대기업 정서와 대기업 관련 정부 정책을 선진 공업국, 즉 유럽과 일본에 비추어 비교사적으로 살핀다. 제 III 절은 미국의 기업 · 정부 간 관계를 1870년대부터 시기별로 검토하여 대기업 정서의 부침을 부각시킨다. 제 IV 절과 제 V 절은 글의 모두에서 던진 질문에 대한 해답, 즉 공적 관료제 발전의 지연과 대기업 '희생자'의 정치력에 대해 심층 분석한다. 제 IV 절에서는 영국의 보통법 전통과 18세기 미국 혁명의 이데올로기, 그리고 19세기 초 미국식 민주주의에 대해 알아본다. 제 V 절에서는 대기업 척결을 부르짖는 인민주의(1890년대)와 혁신주의(1900-1914)를 중점적으로 다룬다. 제 VI 절은 반대기업 정서의 후퇴 원인을 살펴보는데, 이것이 마지막 절의 향후 전망과 우리나라에 대한 함의를 끌어내 줄 것으로 기대한다.

II 비교사적 고찰

자유 시장의 '보이지 않는 손'이라는 가격 균형 메커니즘이 자리 잡힌 지는 오래되었지만, 아직도 압도적인 다수가 사상적으로 이를 신봉하는 것은 아니다. 시장 규제의 역사도 시장의 역사만큼이나 길다(Keller, 1980).

이식금지법, '공정가격' 등으로 사적 경제 행위를 규제하는 일은 동서양을 막론하고 오래 전부터, 서양에서는 중세 때부터 있어왔다. 서양에는 모든 경제 행위를 국가 이익에 맞춘다는 중상주의 역사가 있었으며 그 시도는 성공했다. 나라마다 다르지만 영국의 보통법은 16세기부터 민간 기업의 '독점적 거래'를 보호하지는 않았고 공정 거래를 촉진했다. 미국에서 기업을 규제하게 된 배경으로는 19세기 말과 20세기 초 대기업의 등장과 이에 대한 대중의 반감을 반영한 정치 세력을 지적할 수 있다.

1. 19세기

기업 규제의 역사는 나라마다 조금씩 다르다. 예를 들어, 프랑스에서 정부와 기업의 관계는 대기업 등장에 대응한 것이 아니라 18세기 말 대혁명의 일부로서 시작되었다. 혁명 정부는 구체제(舊體制, ancien règime)의 중상주의적 제약으로부터 기업 활동의 자유를 보장하는 차원에서 '인위적인 상품 가격의 인상이나 인하'를 금지하였다. 19세기 프랑스 상법을 대표하는 1867년 회사법은 기업 활동을 제한하는 정부 간섭을 최소화하도록 규정했으며, 소규모 가족 단위 기업의 이익을 반영했다. 그러나 19세기 말 독일의 카르텔에 대응하기 위해 기업 결합을 허용하는 쪽으로 정책이 전환되었다. 대혁명 이전의 중상주의가 새로운 형태로 다시 대두한 것이다. 상행위에서 '자유의 억압'이라는 유령이 재림하였고, 개인주의와 코포라티즘의 갈등이, 가족 단위 소기업과 국가 지원을 받는 대규모 기업 집단의 공존이, 이중적으로 유지되었다.

독일의 상법은 프랑스 모델과 비슷하다. 프랑스의 경제적 자유주의와 불공정 경쟁 방지 사상을 흡수한 것이다. 그러나 독일에서는 과거 길드 및 카르텔의 유산을 넘어서지 못하여, 특히 불황기에는 경쟁 제한 및 기업 간 협조가 허용되었다. 19세기 말의 바이에른 주 판례와 제국 법원의 판례는 카르텔이 국익에 도움이 된다고 명시하였다.

영국도 기업 정책의 일관성을 결여하고 있었다. 경제적 자유주의의 수장답게 보통법에서 카르텔을 불법화했으며, 1856년 Hilton v. Eckersley 판례의 논리는 제분소 카르텔이 공공 이익에 어긋난다는 것이었다. 그렇지만 국제 경쟁이 심해진 19세기 말에 이르면 이것이 모호하게 되었다. 1889년 Mogul v. McGreger 판례와 1894년 Maxim v. Nordenfelt 판례에서 "공정 경쟁과 불공정 경쟁은 법원이 구분할 사안이 아니다", "경직적인 국가 정책을 형성하는 일은 판결의 범위를 벗어난다"라고 하여 소송보다는 조정으로 문제를 해결하게 했다. 이는 카르텔을 적극적으로 합법화한 독일의 예와는 약간 다른 개념으로서, '카르텔 협약의 자유'를 인정한 것이다.

미국도 19세기 전반에 경제적 자유주의 사상이 유럽과 비슷하게 자리 잡고 있었다. 그러나 빠르고 광범위하게 밀어닥친 대기업의 형성 물결에 대응하는 면에서 큰 차이를 보인다. 철도의 경우 1830-1970년대에 각 주와 군(郡, county) 정부는 한편으로는 건설을 환영하여 각종 보조를 제공하였으며, 다른 한편으로는 규제에 신경을 썼다. 19세기 말 대규모 철도 회사들의 형태가 국가 차원의 문제로 떠오르게 되자, 중앙정부의 정책은 규제 쪽으로 기울었다. 1887년 주간통상법은 장거리-단거리 간 요율 차별을 금지했고, 1903년 Hepburn Act는 주간통상위원회(ICC)에 요율 결정권을 부여하여 구체적으로 가격을 규제할 수 있게 했다. 이후 여러 입법에 의해 진입, 퇴출, 운행 구간 결정 등 부가적 규제가 이루어지지만 이들이 일관성 있는 정책으로 보이지는 않는다. 철도 회사도 하주(荷主, shipper)도 다양할뿐더러 하주에 대한 선호도도 각양각색이었다. 규제 기관도 마찬가지였다. ICC의 결정을 법원이 재심할 수 있어 재량권에 한계가 있었으나 처음부터 사법 제도처럼 행동하여 매우 혼란스러웠다.

산업체의 경우 트러스트와 지주회사가 보통법에 저촉되는지의 여부가 의문시되는 가운데 1890년경이면 10개 주에서 독점금지법이 만들어졌고, 6개 주 대법원에서 트러스트를 불법으로 하는 판례들이 축적되었다. 1890년에 통과된 셔먼반독점법은 조항 자체가 모호한데다가 1890년대의 판례는 우왕좌왕하였다. 1895년 Knight Sugar Trust 판례는 제조업이라는 해석 때문에 합병 붐을 부추기기도 했다. 그렇지만 셔먼법에 대기업에 대한 반감이 함축되어 있는 것만은 틀림없다.

2. 20세기 초

1900년 이후에는 유럽에도 대기업이 많이 생겨 미국과 환경이 비슷해졌다. 그러나 정부의 기업 정책이 어느 쪽으로든 수렴되는 모습은 보이지 않는다. 독일에서는 국가와 대기업이 밀접해지는 정책이 취해지고 카르텔도 장려되었다. 1923년 카르텔 전담 법원이 도입되어 불만을 청취했으나 카르텔도 장려되었다. 영국은 기업 합병('합리화'(合理化)) 붐이 지연되었고 국가 경쟁력, 기업 효율 등에 정부가 계속 관심을 기울였다. 그러나 국가 간섭 최소화의 원칙을 견지했으며 소송보다는 조정이라는 원리를 지켰다. 독점 금지가 없는 만큼 경제의 독점화 경향이 계속되었다.

미국은 독점 제한과 경쟁 촉진의 기치를 분명히 했다. 이것은 급변하는 사회에 대한 우려와 과민반응에서 만들어진 여러 조치들, 즉 금주법, 이민 제한, 인종 차별 조장, 자연 보호 운동 등과 궤를 같이 하는 것이었다. 물론 대기업에 대한 견해가 통일되어 있지는 않았다. 대기업 및 기업 합병을 사회악으로 보고 분할하여 경쟁시켜야 한다는 입장과 대기업을 효율이 높고 생산비가 낮으며 노사 간 평화를 보장하는 진보적 세력으로 보는 해석이 맞서 있었다. 따라서 정부 규제가 어느 한쪽만을 향할 수 없었고 복잡다단했다. 주마다 회사법의 진화 과정이 다르고 때에 따라서는 기업 유치를 위해 기업에 이롭게 법을 개정하는 경쟁이 있기도 했다. 연방정부의 대기업에 대한 정책도 모호하여 19세기 말에 트러스트와 카르텔은 불법이되 지주 회사는 합법이었으며, 이에 따라 1898-1902년에 대규모 기업 합병 붐이 일기도 했다. 1902년 Northern Securities 판례는 지주 회사도 불법일 가능성이 있다고 판시했다.

시어도어 루스벨트(Theodore Roosevelt) 대통령(1901-1909) 때 44건, 태프트(William H. Taft) 대통령(1909-1913) 때 90건의 반독점 소송이 있었는데, 1911년의 Standard Oil과 American Tobacco를 해체하는 두 판례가 가장 중요하다. 이를 계기로 판결이 신중해졌다. 두 회사의 해체 과정이 매우 복잡하고 해체 후 상황도 만족스럽지 못했기 때문이다.

1914년 클레이트법은 노조와 농민 단체를 셔먼법 적용에서 제외했으며 가격 차별, 끼워팔기(영국, 독일에서는 합법), 이사 교환 등을 금지했다. 같은 해 FTC법으로 연방통상위원회가 설립되어 불공정 경쟁을 불법화했고 '행정적' 규제가 가능하게 되었다. 이후 구조(셔먼법 제2조)보다는 행위(셔먼법 제1조) 규제에 중점을 두었다. 그래도 규제 태도는 계속 모호했다. U.S. Steel(1920), Appalachian Coal(1933) 판례는 합병과 카르텔을 용인했고 다른 판례들은 카르텔을 불법으로 보았다. 각종 이익 단체들의 입김 때문에 일관된 정책을 시행하기가 어려웠으며 기술 진보로 경쟁 자체의 내용도 달라졌다. 예를 들어, 철도와 트럭 운송의 경쟁, 석탄과 석유 간의 경쟁이다. 정치적 · 법적 과정의 분권적 성격도 이에 한몫했을 것이다.

유럽과 일본은 독점금지법이 없거나 늦게 생겼고 예외 조항이 많다(Scherer, 1980: 504-509, 563-569). 영국은 1956년 Restrictive Trade

Practice Act로 카르텔을 등록하여 심사하게 하면서 8개 항의 예외 조항을 두어 공공 이익, 고용 문제, 고정 투자, 수요 불안, 수요 독점 존재를 검토했다. 서독도 1957년부터 비슷한 규제를 시작했지만 사양 산업, 공동 연구 개발이나 마케팅, 무역 촉진 등 예외 조항을 두었다. 일본은 맥아더 정부가 강제로 재벌을 해체한 후 독점 규제를 시작했으나 불황 카르텔, 합리화 카르텔, 수출 카르텔, 중소기업 카르텔 등 예외 조항이 많다. 1970년대에 와서야 공정거래위원회가 약간 강력해졌다. 프랑스를 비롯한 EU 제국은 국제 카르텔을 자행하고 있다.

III 시기별 정책 변화의 추이

1870년대 이후 미국의 기업 · 정부 사이에 언제나 반목과 충돌만 있었던 것은 아니다. 대기업의 독점이 미국 정치 · 경제의 중심을 집중된 부에 쏠리게 하고 대의 정치의 기능을 저해하며 민주주의를 금권주의로 만들 것이므로, 이를 규제하여 소비자를 보호하는 것이 당연하다는 생각은 1950년까지 풍미했던 개혁 사상의 산물일 뿐이다. 이하에서는 시기별로 사상 및 정책의 변화를 살펴보자.[2)]

2) Himmelberg(ed.)(1994, 12 vols.), 각 권의 introduction.

1. 1870-1900: 반독점 및 철도 규제의 시작

기술 진보와 시장 확대, 그리고 과잉 설비 등으로 인해 대기업이 특정 산업에서 빠른 속도로 등장했다는 것은 제 I 절에서 설명한 바와 같다. 유럽의 공적 관료제는 장기간 존재했으므로 과잉 생산 설비 문제 역시 성숙한 국가가 해결해야 할 또 하나의 과제였다. 국가는 카르텔을 허용했고 대기업은 노동 운동과 투쟁해야 했다. 미국은 노동자의 성숙도가 낮았으며 투쟁은 노사 간보다는 기업들 사이에서 벌어졌다. 즉, 운송업자와 하주, 상업적 농민과 저당 은행, 소규모 도소매업자와 대기업의 판매 부서 간에 투쟁이 벌어졌다. 상대적 박탈감에 사로잡힌 소상인, 소생산자, 농민들의 조직적 저항이 정치 문제로 떠오르면서 처음에는 주정부에서, 나중에는 연방 차원에서 규제 입법을 얻어 낸 것이다.

이 시기의 농민 운동 가운데 1860년대 말에 시작한 Grange 운동은 1890년대 인민주의(人民主義, populist) 운동으로 진전되어 결국 여러 가지 규제를 만들게 했다. 하지만 이들이 꼭 복고적이고 퇴영적인 것은 아니었다(Pollack, 1962). 오히려 농업 기계화, 과학적 영농, 기술 정보 전파에 적극적이었으며 기계 파괴 운동 같은 일은 없었다. 이들의 주장과 불만은 대체로 1870년대부터 1896년까지 농산물 가격이 하락했다는 것, 철도 요율이 차별적이라는 것, 대규모 은행들의 긴축 통화 정책 때문에 농가 부채가 늘고 농가가 점점 더 토지를 소유하지 못하게 되었다는 것, 양곡기(糧穀機, grain elevator) 회사의 가격 책정, 등급 표준 설정이 비정상적이라는 것 등이다.

그러나 이들은 당시 시장 구조의 운영을 오해하고 있었다(Atack and Passell, 1994: 419-425). 우선 농산물 가격뿐 아니라 모든 물가가 떨어지고 있었으므로 실제로 교역 조건은 호전되었으며 구매력도 꾸준히 상승했다. 철도 요율 차별은 운송비 차이에서 비롯된 것이며 서로 경쟁하거나 수로와 경쟁하는 지역에서의 요금은 평균 비용에도 못 미치는 수준이었다. 철도 요금은 농산물 가격보다 더 빠른 속도로 내렸다. 더욱이 대서양 횡단 운임은 그 사이에 3분의 2나 하락했던 것이다. 대부업자들의 이자율은 시장가격이었다. 개별 농민이 근저당 농지를 상실한 것은 딱한 일이지만 그것은 농업이 점차 시장을 겨냥한 생산으로 변하면서 위험이 커지고 세계 시장에 민감해진 탓이었다. 좌우지간 이들의 불만은 매우 현실적이었으며 이 운동은 철도 요율 규제와 반독점법, 그리고 단점은행법(즉, 지점 개설을 금하는 법)과 은매입법(인플레이션을 유발하기 위한 조치) 등의 성과를 얻어 냈다.

셔먼법의 통과는 어떤가. 대기업으로 인한 희생자는 소농민도 장인들(목수나 배관공 등)도 아니고 소상인들이었다. 이러한 사실은 어떤 주의 반독점법이 셔먼법 이전에 통과되었는가 여부를 분석해 보면 나타난다. 그렇다면 보통법으로 소상인들을 보호하고 보조할 수 있었는데 왜 연방법을 만들었는지 하는 의문도 생긴다. 반대기업 정서와 규제법 제정에 관해 대략 이와 같이 정리해 볼 수 있다. 여하튼 주간통상법과 셔먼법은 19세기에는 별 영향을 못 미쳤고 오히려 역효과만 가져왔다(Stigler, 1985).

2. 1900-1917: 독점과 규제의 성장

혁신주의(革新主義, progressivism) 시대에 사람들은 합병 붐(1898-1902)과 거대 기업을 백안시하고 모든 집중된 권력은 민주와 자유를 위협한다고 생각하기 시작했다. 1960년대 교과서들은 그 시기를 대기업이 정치를 부패시켰고 성난 인민들이 개혁에 매진한 시기로 기술했다. 부패한 정경 유착에 눈을 떠가는 과정이 당시 자서전, 언론, 정치 연설에 많이 나온다. '도덕 남작'(악덕 자본가, robber baron)들을 때려잡아야 한다는 것이다(Josephson, 1931). 그러나 제 I 절에 소개했듯이 요즈음에는 그렇게 생각하지 않는다. 규모의 경제를 누리기 위해 대기업이 정착한 기간으로 보는 것이다. 또 다른 해석은 그 시기를 '다원론적'(多元論的, pluralistic)으로 보거나 '각기 맡은 바 역할이 다르다는 식'(유기체적(有機體的, organic))으로 본다. 좌우지간 이 시기는 미국이 대기업을 회피하는 기간이 아니고 '적응'하는 때라는 것이다(McCormick, 1981).

1902년 Northern Securities 판례는 시어도어 루스벨트(1901-1909)가 북서부 철도 합병을 분쇄시킨 것으로 유명하다. 소송에 더욱 맹렬했던 태프트(1909-1913)는 Standard Oil과 American Tobacco(1911)를 해체했다. 윌슨(Woodrow Wilson, 1913-1921)은 클레이튼법과 연방통상위원회 설치로 반독점을 강화했다. 이때 참모들이던 브랜다이스

(Brandeis), 랜디스(Landis) 등의 사상을 나중에 제V절에서 더 검토해 보기로 하자.

행정적 규제도 더 진전되었다. 주정부와 연방정부가 철도 이외에도 통신 · 수도 · 가스 · 전기 산업에 가격과 진입 규제를 확대했으며 이후 보건, 안전, 환경에도 관심을 두기 시작했다.

3. 1917-1932: 기업 · 정부 간 협력

이 기간은 전쟁, 호황, 대공황 때문에 정부와 기업 간 관계의 분위기가 비교적 우호적이었다. 혁신주의 역사가들은 이 시기를 기업이 정치를 지배한 공화당 시대라고 규정하지만 '코포라티즘' 정책 덕분에 사회 안정과 생산성 향상을 이룬 기간이라고 말하는 것이 사실에 더 가까울 것이다.

4. 1933-1945: 뉴딜

프랭클린 루스벨트(Franklin D. Roosevelt)는 당시 사람들이 생각했던 것보다 기업에 대해 더 호의적이었다. 뉴딜 시기에 코포라티즘도 잔존했으며 1933년 6월에 통과된 산업부흥법(産業復興法, NIRA)은 국가 간 긴급 상황에 대처하고자 독점금지법을 2년간 정지시켰다. 산업의 대표들은 생산 설비, 가동 시간, 생산량을 제한하는 규정을 만들어 대통령의 인가를 받으면 이를 합법적으로 행사할 수 있었다. 노동자들은 단체협약과 조합 가입의 자유를 인정받고 고용주는 최대 노동 시간, 최저임금 등의 규제를 받아들여야 했다. NIRA의 제외 대상은 농업, 철도, 정부, 가내노동, 전문직, 비수익 사업 등이었다. 공공사업법(公共事業法, PWA)에 따라 공공 사업을 추진할 예산 확보를 위해 초과이윤세도 같이 도입되었다. 이러한 상황은 뉴딜 경제 정책 연구의 거장 엘리스 홀리(E. Hawley)가 지적한 대로 두 가지 전략의 근본적 모순을 드러낸 것이었다. 즉, 당시에 루스벨트 대통령 측근 내부 그룹의 전략과 규제론자 간의 충돌이 있었다. 규제론자들은 대기업 집단이 경제의 주요 부문을 장악하고 시장을 지배하고 있는 데서 공황의 기원을 찾는 사람들이었다. 결국 뉴딜 정부 개입의 형태는 두 세력 사이에서 얻어진 타협의 산물이었다. 경제적 사정이 가장 열악하던 산업들이 부흥법 조항을 환영했다. 또한 오래된 대기업일수록 정부 규제를 받아들이는 데 앞장섰다. 섬유업 부문에서 북부의 전통적인 대기업들은 환영을, 남부의 신흥 소기업들은 불만을 표했다. 과잉 설비에 시달리던 철강 기업들은 NIRA를 찬성했으나 엔지니어링 쪽에서는 시큰둥해 했다. 자동차 · 고무 산업의 주도 회사들은 산업부흥법 가격 안정 조치를 지지했다. 이에 대한 반대 세력의 중심은 보잘것없는 식품 가공 기업(Schechter Poultry Corp.)이었다.[3] 석유 회사의 부문에서도 NIRA가 입안되는 과정에서

3) Schechter Poultry Corporation v. United States, 295 U.S. 495(1935)로 대법원에서 NIRA의 위헌 판결이 확정되었다. NIRA 규정을 대통령이 승인하고 법적 효력을 부여하는 것은 입법부의 권한을 침해한다는 판단이다.

소규모 기업들이 배제되었다. 한편, 항공, 화학 등 장래성 있는 신산업의 의견도 이에 반영되지 못했다. NIRA 규정 자체가 경제 단체에서 고안된 경우가 많았다. 그래서 직물, 철강, 석유 등 대표적 구산업과 대기업의 정치력이 커지고 신산업이나 중소기업의 의견이 외면당했다. 다시 말해, 구조 조정이나 산업 합리화를 거쳐 산업이 부흥할 기회가 정치적으로 제약을 받고 있었다. 정부는 1935년 NIRA의 위헌 판결 이후에도 석탄과 트럭, 석유의 기업가 쪽에 신경을 썼다. 제2차 세계대전 시에는 정부와 기업의 협조가 목표였다.

그래도 뉴딜 시기에 평균적으로 기업 권한이 많이 축소되었다. 이를 가리켜 혁신주의가 부활된 것처럼 이야기하는 사람들도 많다. 사회보장법, 공공 근로 사업, 와그너법, 증세, 연방 관료제의 비대 등에 더하여 더욱 반기업적이라고 생각되는 조치들, 즉 증권감독법, 1937년 이후의 반독점 판례 등이 그것이다. 이 판례들은 1937년 경제가 불황으로 다시 돌아서자 불황 대책으로 경쟁 촉진을 생각한 결과로 해석할 수 있다.

5. 1946-1964: 전후 반독점과 기업 규제

1956년에 밀스(C. Wright Mills)는 *The Power Elite*라는 책에서 당시의 사회를 군산(정) 복합체라고 표현했다. 과연 그런가. 이제 정부·기업 간의 반목은 규제 정책으로 또한 반독점 정책, 특히 합병 금지(合併禁止) 정책으로 표현되었다. 뉴딜을 경험해 본 유산으로 NIRA

보다 경쟁 촉진이 경제 부흥에 좋다는 의견이 받아들여진 것이다. 케인스주의의 핵심인 적자 재정 지출 정책은 경쟁적 가격 인하와 같이 가지 않으면 인플레이션을 유발할 것이 우려되었다. 특히, 세계대전 동안 독점 가격 인플레이션을 기억하여 경쟁적으로 가격을 낮추어야 한다는 강박관념이 사회에 팽배했다. 반독점을 촉구하는 물결이 트루만부터 케네디까지 상당했다. 1951년 Cellar-Kefauver Anti-Merger Act로 법무부와 FTC(Federal Trade Commission, 연방거래위원회)가 수평 결합을 제한할 수 있게 되었다.

6. 존슨 대통령 이후의 규제 완화 움직임과 반독점

기업에 대한 규제를 풀고 경쟁 시장에 맡기자는 움직임이 1960년대 말에 시작하여 1970년대 말이면 결실을 보기 시작한다. 규제 근거 자체가 모호하여 기술 변화로 상황이 바뀌었다는 것이 그러한 움직임의 근거이다. 카터, 레이건, 부시 행정부 때 트럭 운송업, 항공 산업, 금융 산업 등에 대한 규제가 철폐되었다. 규제를 없애는 문제와 관련해서는 각 규제 대상 산업의 구조와 성격이 중요했으며, 이제 법률가보다는 경제학자들의 입김이 커졌다(McCraw, 1984b: ch. 8; Kahn, 1990). 가격 규제는 없어지지만 소비자 보호, 환경, 안전 등 새로운 종류의 규제는 늘고 있다. 또한 성장과 국제 경쟁력을 높이기 위한 '산업 정책'(産業政策) 시행에 대한 요구도 생겼다.

반독점 쪽에도 합병과 담합을 엄벌하는 추세에서 집중도 자체

보다 기술 진보와 효율을 따지는 방향으로 나아가고 있다. 이러한 추세 변화에는 시카고학파의 영향이 컸을 것이다(Kovacic and Shapiro, 2000).

IV 공적 관료제 발전의 지연

여기에서는 영국식 보통법이 미국에서 더 오래 지속되었다는 것을 우선 지적하자. 보통법은 나폴레옹 법전이나 독일 법처럼 예전의 절대주의식으로 열거된 성문법보다 단순하고 작은 정부에 더 알맞은 면이 있다.

또 하나는 미국의 건국 이념상 큰 연방정부를 꺼리는 지방자치적 미국식 민주주의를 들 수 있다. 초기부터 연방 조세는 관세에 제한되고 상비군도 별로 없었으며 중앙은행과 유사한 제2차 합중국 은행의 차터는 잭슨 대통령의 거부로 갱신되지 못하여 중앙은행 설립은 더욱 요원했다. 또한 미국은 지점 설치를 금지하는 단점 은행 제도를 고수하여 지점 은행이 한정적으로나마 허용되기 시작한 것은 불과 몇 년 전의 일이다.

18세기 개혁의 본질적인 정신, 그 정신의 이상주의, 개인을 국가의 권력에서 심지어 개혁된 국가의 권력에서도 해방시키려는 그 결의는 아직도 살아 있다(Bailyn, 1992: ch. 3). 권력의 성향은 폭력과 강제, 지배력이며 본질적으로 공격적이고, 정당한 한계를 넘어서 팽창하려고 하는 끊임없는 추진력이다. 권력으로부터 개인의 자유와 권리를 지켜 내려는 미국인들의 의지는 상비군 제도 도입을 두려워하고 전제정에 대한 공포심을 갖는 것으로도 표현되었다. 미국인들은 세속적 · 종교적 자유를 누릴 피난처를 찾아 식민지에 정착하여 나라를 세웠기 때문에 영국보다 더 자유롭고 지방분권적이며 계몽주의적이었다. 그리하여 당시 미국인들은 중앙집권적 정부가 들어서는 것을 꺼려했고, 대기업 자체뿐 아니라 거대한 모든 것에 저항하는 성향을 갖게 된 것이다. 미국에서 중앙정부는 뉴딜 정책과 제2차 세계대전 때 커지기 시작했고 대기업의 등장 시기는 이보다 빠르며 노동자 단체나 소비자 단체가 성장한 것은 이보다 더 늦다.

V 대기업 '희생자'의 정치력

19세기 말의 반대기업 정서의 생성 및 주간통상법, 셔먼법이 통과된 것은 농민과 소상인, 소생산자들이 대기업에 희생당했다고 생각하여 정치적 로비를 위해 조직한 결과이다. Grange만 하더라도 1875년경에 회원이 85만 명에 달했으며 Greenback, Free Silver 운동, 그리고 '노동기사단'(勞動騎士團, 이들에 농민과 소상인, 소생산자가 포함된다)으로 연결된 인민주의 운동 세력은 매우 강했다. 더구나 연방주의를 지향하는 정부의 권력이 파편화되어 있어 지방정부나 주정부에 대한 요구의 강도는 어느 나라보다 높았을 것이다.

이를 이어받은 혁신주의는 1912년 대통령 선거에 최대 이슈가 되었다. 혁신주의자들 중에는 숭고한 사상에 고취된 이들도 있었지만 온갖 유명 인사의 추문을 캐고 다닌 사람도 많았다. 윌슨의 대선 캠페인에서 출발한 '뉴프리덤 운동'의 비전은 브랜다이스(Louis D. Brandeis)가 내놓은 것이며 기업과 정치의 무한 권력에 대항하여 개인의 자유를 재확인하고 반독점 정책에 의해 자본주의의 방향을 수정하고자 했다. '자연 독점이란 없다. 트러스트는 효율, 공정 경쟁의 산물이 아니라 신용 조작으로 생성되었다'는 생각에서 언론과 결사의 자유, 산업 민주주의, 조합주의, 8시간 노동제, 노동자의 경영 참여까지 주장하기에 이르렀다(Strum, 1987). 규모의 경제를 누리는 산업은 식품, 기계, 전기, 석유, 화학, 자동차, 타이어에 군집되었다는 것을 훗날 챈들러(A. D. Chandler)가 분별해 냈으나 그 당시로서는 그러한 사실을 알지 못했기 때문에 혁신주의가 득세했을 것이다.

브랜다이스는 1878-1916년에 변호사로 일했으며 이후 대법관을 지냈다. 대표적인 혁신주의자였던 그의 행적을 통해 혁신주의의 영향력을 알아보자(McCraw, 1981). 주로 보스턴에서 변호사로 활동하는 동안 그의 고객들은 은행, 보험, 철도 같은 새로운 산업의 대기업이 아니라 신발, 제지, 도소매업 등 중소기업이었다. 그는 '인민의 변호사'로 이름을 날리며 돈을 많이 벌었지만 물질주의를 혐오하고 광고와 이에 휘둘리는 소비자를 불신했으며 중소기업만 생각하고 낮은 가격과 소비자 후생은 무시했다.

그는 모든 기업 결합은 수평적이고 경쟁 제한적인 것으로 생각했고 수직 결합의 생산 효율을 인정하지 않았다. 카르텔이나 가격 선도는 합법은 아니지만 개별 기업의 '자유'를 유지하므로 괜찮다고 생각하고 트러스트나 합병을 공격 대상으로 삼았다. 성공한 결합과 실패한 결합도 구분하지 못했다. 기업의 크기 자체가 정당한 방법으로 성취된 것이 아니므로 죄가 된다고 생각하고 대기업이란 비효율적 · 반민주적이며 정치 권력을 집중시킨다는 그 자신의 개인적 감성으로 일관했다.

4개의 기업에 대한 브랜다이스의 의견을 보자. ① American Tobacco: 수공업자가 만드는 시가는 소기업이 많고 궐련은 대량 생산하게 되어 있는데 모든 담배에는 규모의 경제가 작동할 수 없다고 오해함. ② U.S. Steel보다 독일의 철강 카르텔이 효율적이라고 주장함. ③ Standard Oil의 판매 부문 수직 결합은 유류 도소매상을 도태시키므로 나쁨. ④ 브랜다이스 자신이 설립하여 이사로 재직하던 United Shoe Machinery 회사에는 규모의 경제가 있다고 주장하였는데, 이 회사는 구두 회사에 기계를 독점적으로 대여함으로써 그것이 구두 제조의 경쟁에 기여하므로 '좋은 트러스트'(good trust)라고 고집함(하지만 경쟁 제한과 경쟁자의 숫자를 혼동한 것일 뿐이다).

Dr. Miles Medical Co. v. John D. Park & Sons Co.(1911)의 가격 담합 판정을 뒤집으려는 그의 노력은 눈물겹다. 그가 소규모 도소매상을 셔먼법 적용에서 제외하려는 입법 운동을 시작한 것이다. 가격 담합을 허용하지 않으면 제조업체나 통신판매점과 백화점들이 이들을 도태시킬 것이라는 논리이다. 소비자 후생은 생각하지 않고 특정 집단의 이해만을 생각한 것이다. 좌우지간 브랜다이스 뜻대로 1937년 Miller-Tydings Act('fair trade' law)가 통과되어 35년간 시행되었다. 브랜다이스는 대기업의 모든 것을 공격했는데, '인민의 변호사'가 아닌 프티부르주아의 이익 대변인에 불과했다. 그는 특정 집단이 역사적으로 도태되는 과정에서 이에 저항하기 위해 정부를 이용하려는 일에 앞장선 인물이었다.

물론 브랜다이스 개인은 미국의 '성자'(聖者)로 남았다. 개인주의, 자조, 일관성 등을 유지하며 '숭고한' 가치를 위해 싸우는 일에 주저하지 않았다. 비경쟁적이고 소비자의 이익에 반하는 규제는 FTC, CAB, ICC 등에도 많다. 현재도 브랜다이스주의자들이 남아 있다. 그것은 혁신주의 시대에 대기업에 희생된 자들의 정치력이 엄청났음을 보여 주는 것이다.

VI 반대기업 정서의 후퇴

지금까지 우리는 반대기업 정서와 기업-정부 적대 관계는 공적 관료제 발전의 지연과 대기업 '희생자'의 정치력이었음을 보았다. 그렇다면 연방정부 규모가 커지고 대기업의 '희생자'들이 거의 도태되었기 때문에 대기업에 대한 반감은 사라졌는가?

이를 좀 자세히 살펴보자(Hofstadter, 1964). 대체로 역사책에는 반독점에 대해 이야기할 때 인민주의, 혁신주의를 언급하고 뉴딜 리바이벌까지만 소개하고 있다. 흥미의 초점이 아니기 때문일 것이다. 법적 · 행정적 반독점 조치는 강화되고 제도화가 정착되었으며 소송 건은 늘었지만 반대기업 정서는 이미 사라진 듯하다.

1870년대 이후 대기업이 급속히 등장하면서 트러스트를 두려워하는 사회 분위기가 조성되었다. 반독점 운동의 목표는 경제적 경쟁 시장, 정치적 권력 분산, 사회적 · 도덕적 성격 개발, 일반 대중의 사기 보호 등이라고 정리할 수 있다. 그러나 언제나 자유 경쟁 시장만이 최선이라는 주장은 이론적으로도 모호하고 신빙성도 없다. 또한 반독점 입법이 경제학적 측면을 고려하여 만들어진 것도 아니다. 실제로 경쟁과 결합 양자를 전부 보호하고 제한해야 하는 경우가 많다. 셔먼법의 조항이 불분명하게 되어 있는 것도 무리가 아니며 이 법은 일반적 원리만 제고하고 법원에 많은 재량을 넘겼다. 시어도어 루스벨트는 대기업의 크기를 공격한 것이 아니라 거대 기업도 법 앞에 투명하고 책임성이 있어야 함을 강조하고자 했다. 우드로 윌슨도 이에 관해 매우 모호했다. 'big'은 좋지만 'trusts'는 나쁘다던가.

경제적으로 모호하다면 정치적 · 사회적 반독점 논리는 명료하다. 권력 집중을 의심하는 전통, 미국식 민주주의의 다원주의 등이 익명의 '보이지 않는 손'이라는 시장 메커니즘과 맞아떨어졌던 것이다. 그러다가 대기업 하나가 주정부보다 클 정도로 성장하는 시기가 도래했고, 이들의 결합체는 연방정부보다 커질 것이 우려되었다. 그렇게 되면 윌슨 캠페인의 연설문에도 나오듯이 국가가 기업을 통제할 수 없는 상황이 벌어질지도 모른다. 그러면 동반자가 되라는 말인가. 심리적 · 도덕적 반독점 논리도 중요하다. 경쟁적 개인주의는 기회 균등과 도덕성 형성에 도움을 줄 것이다. 소기업이 누릴 기회를 보호하는 것도 의미가 있다.

그렇다면 대기업에 관한 인민주의, 혁신주의 시대와 오늘날의 인식 차이는 무엇인가. 첫째, 오늘날 대기업은 새로운 문제가 아니다. 모든 사람이 대기업에 익숙하다. 둘째, 제2차 세계대전 이전에 예상했던 방식과 다르게 경제가 잘 굴러가고 있다.

실제로 대기업에 관한 인식의 변화를 수량적으로 분석한 연구가 있다. 즉, 농민, 노동자, 전문직들이 구독하는 정기간행물에서 대기업에 관한 기사 및 논설을 골라 이를 부정적(unfavorable), 중립-양면적(neutral-ambivalent), 우호적(favorable)으로 분류하고 각각이 차지하는 비중을 1880-1940년에 매년 계산하여 가중평균한 것이다. 〈표 1〉은 분석에 이용한 자료의 내역이며, 〈그림 2〉는 최종 결과이다. 대기업에 관한 부정적 인식이 1890년대 중엽까지 확산, 정점에 이르렀다가 그 이후 지속적으로 후퇴하였음을 보여 준다. 우호적 인식의 비중은 1890년대 후반부터 완만하게 상승하여 1930년대 후반에는 부정적 정서를 상회하게 된다(Galambos, 1975: 34, 248).

또한 1951년에 미시간 대학의 사회과학연구소에서 "대기업에

〈표 1〉 대기업 인식 조사 자료, 1880-1940

	정기간행물명	사용 기간	대기업 관련 기사 수
농업	*Southern Cultivator*	1879-1935	466
	Progressive Farmer	1936-1940	21
	Farmers' Review	1879-1894	657
	Wallaces' Farmer	1895-1932	1,203
	Nebraska Farmer	1933-1940	55
노동	*National Labor Tribune*	1880-1915	1,812
	American Federationist	1894-1940	1,290
	Solidarity	1910-1930	413
전문직	*Engineering News*	1880-1940	2,407
	Congregationalist	1880-1934	595
	Advance	1934-1940	57
합계			8,976

자료: Galambos(1975: 34).

〈그림 2〉 미국 중간층의 대기업 평가, 1880-1940

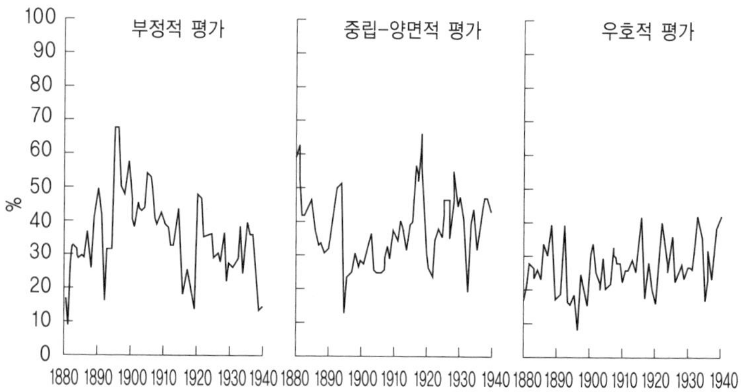

자료: Galambos(1975: 248).

대한 인민의 의식"이라는 여론 조사를 행한 바가 있는데 그 결과는 다음과 같다.

좋은 면이 나쁜 면을 앞지른다.	76%
거의 비슷하다.	2%
나쁜 면이 좋은 면을 앞지른다.	10%
모르겠다.	5%
혼돈되고 평가를 확인할 수 없다.	7%
계	100%

그리고 정부, 노동조합, 대기업 순으로 권력이 있다고 대답했다. 좋은 면은 일자리 제공, 가격 인하이고 나쁜 면은 '약소인'에 악영향, 경쟁 제한이었으며 권력에 대한 염려는 없었다. 인식을 바꾸게 된 배경을 묻는 질문에는 대기업 자체의 이미지 개선 노력 때문이 아니라 제2차 세계대전 발발 이후 눈부신 경제 성과 덕분을 꼽았다. 정부와 노동의 규모가 커진 것(countervailing power)도 언급되었다.

불확실성이 소멸되고 브랜다이스의 *Other People's Money*나 잭 런던의 *The Iron Heels*, 윌슨의 연설 등은 이미 현실성을 잃었다. 산업 집중도 더 이상 진전되지 않았다. 독점이 기술 혁신을 저해하리라는 우려도 없어졌다. 연구 개발이 기술 혁신을 가져왔고 소유와 경영은 분리되었으며[4] 사회적 이동성도 줄어들지 않았다. 혁신주

4) 소유와 경영 분리가 확대되는 기간과 대기업에 관한 부정적 인식(〈그림 2〉)이 급락하는 기간이 대략

의자들의 저술이 전부 틀린 것이다. 전쟁을 겪은 사람들은 소기업에 대한 이상을 버렸다. 대기업에 취직하여 안정하려 했다.

정경 유착 의혹도 정치 자금 양성화로 해결되었다. 교육 및 문화 사업도 일정 역할을 했을 것이다.

대기업에 대한 비판은 경제적이 아니라 문화적으로 이루어졌다. 비판하지 않는 것이 아니라 다른 일이 더 바빠진 것이다. 반독점은 제도화되었고 운동 없이 독점 규제는 전문가의 손에 의해 굴러갈 것이었다. 전문가의 영역에 경제학자들이 참여한 것이 달라진 점이다(Kahn, 1990; Kaplow and Shapiro, 2007).

VII 후기

기업에 대한 규제는 가격/진입 부문은 완화, 환경/안전 부문 등은 강화가 예상된다. 반독점 운동은 제도화하여 계속 전문가들의 손에 맡겨질 것으로 보인다. 셔먼법 제1조(담합 규제)가 우선시되고 제2조(독점화 대책)는 완화되는 방향이다. 이 모든 것이 첨단 기술의 발전, 그리고 세계화 움직임과 함께 다른 나라를 고려하는 방향으로 변할 전망이다.

일치한다(Berle and Means, 1932).

대기업 자체의 구조 변화도 예상된다. 19세기부터 시작되었던 수직 결합된 거대 기업의 성장은 1970년대 후반의 환경 변화 이후 그 방향을 바꾸고 있다(Lamoreaux, Raff, and Temin, 2003). 소득이 높아지고 소비 수요가 고품질화, 개성화함에 따라 대량 생산품의 대량 분배 판로가 제한되었고, 교통 · 통신 및 거래 비용이 감소하여 기업이나 산업에 고유한 자산의 중요성, 외부 효과의 크기 등이 작아졌다. 수직 결합의 유인이 사라지고 시장 또는 장기적 관계를 통한 아웃소싱이 더 효율적이 되는 것이다. 또한 대기업의 분할도 많이 보이는데, 적대적 인수 합병이나 LBO(leveraged buyout)에 의한 기업의 이합집산, 대기업 내부에 시장 요소를 도입하여 주가에 임원 보수를 연동시키는 따위의 경영 위계의 와해, 다각화나 심지어 수직 결합에서 철수하는 '구조 조정'(構造調整) 등의 형태로 나타난다. 실제로 1912년 세계 100대 기업 목록에 들었던 미국 회사 54개 중 1995년까지 100대 기업에 속한 회사는 17개에 불과했다. IT 등 첨단 기술 산업에는 벤처 자본가의 중소기업이 늘어났고, Intel과 Microsoft 같은 대기업도 영업 범위의 초점을 아주 좁은 특정 분야에 맞추고 있다. 물론 IBM이나 GE 등 다각화되고 수직 결합된 거대 기업이 유지되고 있다. 이와 같은 전반적 기업 환경 변화에 따라 독점 규제 정책이 적절히 적응할 것이다.

이와 관련하여 기업 조직은 시공에 따라서 변하는 더욱더 일반적 스펙트럼으로 파악할 수 있다(Guinnane, Harris, Lamoreaux, and Rosenthal, 2007). 즉, 대기업 조직으로서는 공개 법인(公開法人, corporation)이 파트너십보다 우월하지만 중소기업에게는 부담이 더 크다. 따라서 중소기업은 법적 인격을 향유하면서도 유연한 내부 조직 구조와 주식 분산의 이점을 누리는 사적 유한 책임 회사(PLLC)를 선호할 것이다. PLLC는 역사적으로 19세기 말 독일에서 확산되기 시작했으며(GmbH), 이후 영국(PLLC)과 프랑스(SARL)가 뒤따랐다. 미국은 1980년대에야 유한회사(LLC)가 증가하기 시작했다. 앞으로 투자 기회의 불안 증가와 함께 거래 비용 부담이 늘어남에 따라, 특히 중소기업 조직에서 독일이나 프랑스 형태로 수렴할 것이 기대된다. 이러한 추세가 반기업 정서나 독점 규제 정책을 중화시키는 방향으로 작용할 전망이다.

반대기업 정서는 사라졌다. 그러나 '희생자'의 정치력이 결집되면 다른 형태로 다시 불붙을 가능성을 배제할 수는 없다. 월마트 불매 운동이라든가, 엔론 사태에 대응한 분식회계방지법(Sarbanes-Oxley Act) 등이 그 예이다.

부록 미국의 기본적 반트러스트법

1. 거래 제한(Sherman Act 제1조)

가격 조정 행위, 시장 할당 제도와 같은 담합 행위(contract, combination or conspiracy in restraint of trade and commerce among several states)와 그 밖의 제한적 행위는 모두 금지된다.

2. 독점화(Sherman Act 제2조)

시장의 독점화와 독점화의 기도(attempt to monopolize)는 모두 위법이다.

3. 합병(Clayton Act 제7조, 1950 Celler-Kefauver Act로 강화)

시장의 경쟁을 실질적으로 감소시킬 우려가 있는 모든 합병은 위법이다.

4. 그 밖의 금지 행위

① 임원 겸임(Clayton Act 제8조, 한 사람이 경쟁적인 두 회사의 이사직을 수행함)

② 경쟁에 유해한 가격 차별(Clayton Act 제2조, 1936년의 Robinson-Patman Act로 강화)

③ 배타적 끼워팔기 계약(Clayton Act 제3조)

④ "불공정한" 경쟁 방법(FTC Act 제5조). 이것은 법률에 열거되어 있지는 않지만 남용적이거나 극단적인 행위를 포함할 것이다.

참고문헌

양동휴, 『미국 경제사 탐구』, 서울대학교출판부, 1994.

______, 『20세기 경제사』, 일조각, 2006.

Atack, Jeremy and Peter Passell, *New Economic View of American History*, 2nd ed., Norton, 1994.

Bailyn, Bernard, *The Ideological Origins of the American Revolution*, enlarged edition, Harvard University Press, 1992.

Berle, A. A., Jr. and Gardner Means, *The Modern Corporation and Private Property*, Macmillan, 1932.

Chandler, Alfred, Jr., *The Visible Hand: The Managerial Revolution in American Business*, Harvard University Press, 1977.

______, "Government vs. Business: An American Phenomenon," in J. T. Dunlop, ed., *Business and Public Policy*, Harvard University Press, 1980.

Galambos, Louis, *The Public Image of Big Business in America, 1880-1940: A Quantitative Study in Social Change*, Johns Hopkins University Press, 1975.

Guinnane, Timothy, Ron Harris, Naomi R. Lamoreaux, and Jean-Laurent Rosenthal, "Putting the Corporation in its Place," NBER Working

Paper 13109, May 2007.

Himmelberg, Robert, ed., *Business and Government in America Since 1870*, 12 Vols., Garland, 1994.

Hofstadter, Richard, "What Happened to the Antitrust Movement?," in Earl Cheit, ed., *The Business Establishment*, Wiley, 1964.

Josephson, Matthew, *The Robber Barons*, Harcourt, 1934.

Kahn, Alfred, "Deregulation: Looking Backward and Looking Forward," *Yale Journal on Regulation*, 7, 1990.

Kaplow, Louis and Carl Shapiro, "Antitrust," NBER Working Paper 12867, January 2007.

Keller, Morton, "Regulation of Large Enterprise: The United States Experience in Comparative Perspective," in Alfred D. Chandler, Jr. and Herman Daems, eds., *Managerial Hierarchies: Comparative Perspectives in the Rise of the Modern Industrial Enterprise*, Harvard University Press, 1980.

Kovacic, William and Carl Shapiro, "Antitrust Policy: A Century of Economic and Legal Thinking," *Journal of Economic Perspectives*, 14(1), 2000.

Lamoreaux, Naomi R., Daniel M. G. Raff, and Peter Temin, "Beyond Markets and Hierarchies: Toward a New Synthesis of American Business History," *American Historical Review*, 108, April 2003.

McCormick, Richard, "The Discovery that Business Corrupts Politics: A

Reappraisal of the Origins of Progressivism," *American Historical Review*, 86, 1981.

McCraw, Thomas, "Rethinking the Trust Question," in McCraw, ed., *Regulation in Perspective: Historical Essays*, Harvard University Press, 1981.

______, "Business and Government: Origins of the Adversary Relationship," *California Management Review*, 26, Winter 1984a.

______, "Regulation Reconsidered," in McCraw, *Prophets of Regulation*, Harvard University Press, 1984b.

Pollack, Norman, *The Populist Response to Industrial America*, Harvard University Press, 1962.

Scherer, F. M., *Industrial Market Structure and Economic Performance*, 2nd ed., Rand McNally College Publishing Co., 1980.

Stigler, George, "The Origin of the Sherman Act," *Journal of Legal Studies*, 14, 1985.

Strum, Philipp, "Louis D. Brandeis, the New Freedom and the State," *Mid-America*, 69, 1987.

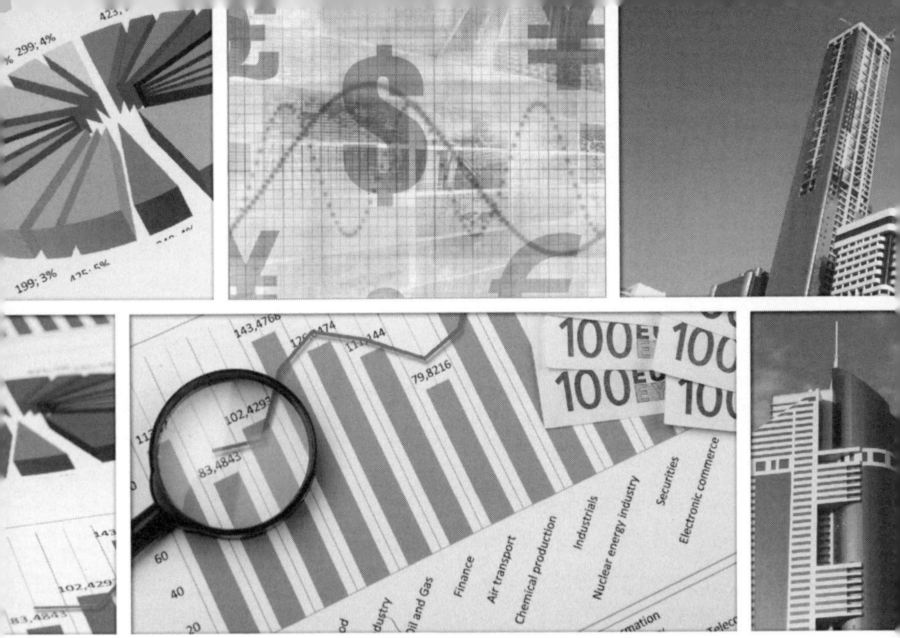

미국의 반금융자본 정서와 금융 규제의 장기적 변모

이철희

I 머리말

오늘날 미국에서의 기업에 대한 대중적인 이미지는 다른 어떤 나라에 비해서도 좋은 것으로 평가된다. 최근 일부 대기업들의 부정 회계 사건이 불거져 나오고 글로벌 기업들의 지나친 아웃소싱에 대한 비난이 확대되는 등 여러 가지 악재가 있었음에도 불구하고, 미국의 기업들은 변함없이 국민 경제의 가장 핵심적인 주체로 존중받고 있으며, 성공한 기업가들은 사회적으로 존경과 선망의 대상이 되고 있다. 기업의 기본적인 목적은 이윤의 추구에 있으며, 이 목적을 성공적으로 달성하는 기업들은 고용 창출과 세금 납부를 통해 사회에 보다 큰 공헌을 할 수 있다. 이러한 기업관은 대다수 국민의 정서에 깊게 뿌리를 내리고 있다.

그러나 불과 한 세기 전까지만 해도 미국의 대중은 기업, 특히 대기업에 대해 매우 적대적인 정서를 지니고 있었으며, 이는 강력한 반기업적인 정치적 요구로 분출되기도 했다. 예컨대, 19세기 말 대규모 철도 회사들의 차별적인 요율 책정에 대한 중서부 농민들의 적대감은 인민주의 운동(populist movement)의 주요 동력 가운데 하나였으며, 19세기 말과 20세기 초의 혁신주의 운동(progressive movement)의 중요한 개혁 목표 가운데 하나는 대기업 및 대규모 금융 회사들의 횡포를 막고 정경 유착의 고리를 끊는 것이었다. 20세기 초 미국 대기업의 이미지는 도둑 남작(robber baron)이라는 표현에서 읽을 수 있듯이 매우 부정적인 것이었다. 미국에서 대기업에 대한 정서가 특히 부정적이었던 것은 정부를 포함하여 개인의 삶을 좌지우지할 수 있는 거대하고 강력한 기관에 대해 혐오감이 컸던 정치적 · 문화적 전통과 다른 어느 나라보다도 대기업의 성장이 급격하게 이루어졌던 미국의 역사적 특수성에 기인하는 것으로 판단된다.

이러한 기업에 대한 대중의 부정적인 이미지는 유권자들의 정서를 반영한 여러 가지 산업 및 기업 규제 입법으로 이어졌다. 산업 규제는 근대적 대기업이 가장 먼저 출현했던 철도 산업에서 시작되었다. 1887년에는 주간통상법(Interstate Commerce Act)이 통과되어 요율 차별을 조사하고 그 위반 사항에 대해 처벌할 수 있는 권한을 부여 받은 주간통상위원회(Interstate Commerce Committee)가 창설되었다. 산업 부문에 대한 연방 규제는 1890년 셔먼 반독점법(Sherman Antitrust Act)의 제정과 함께 시작되었다. 초기의 셔먼법은 그 조항이 모호한 데다 행정적 조직이 아닌 사법부에 전적으로 의존했기 때문에 한계를 지닌 것이었다. 그러나 19세기 말까지 차츰 규제가 강화되어 이윤 배분(profit pools), 트러스트(trust), 카르텔(cartel) 등이 불법으로 규제되었으며, 20세기 초에는 법무부에 셔먼법의 집행을 담당하는 전담 부서가 만들어졌다. 이후 반독점 소송은 크게 증가하였고, 스탠더드 오일(Standard Oil), 아메리칸 토바코(American Tobacco)에 대한 반독점 판결은 미국 반독점 규제의 새로운 장을 열었다. 마침내 1914년에는 클레이튼법(Clayton Act)과 연방통상위원회법(Federal Trade Commission Act)이 제정되어 주간통상법과 셔먼법에 의해 시작된 초기 규제 시스템이 완성되었다.

산업 부문의 대기업들과 함께 19세기 및 20세기 초의 미국 거대 금융 기관들도 대중적인 적대감과 이를 반영한 정부의 강력한 규제 대상이 되었다. 일부 연구자에 따르면 금융 회사에 경제력이 집중되는 문제에 대해서는 더 심각한 사회적 우려와 반감이 제기되었던 것으로 보인다. 특히, 미국의 대중들은 대규모 금융 기관에 의해 산업 부문이 통제되는 것을 극도로 혐오하였으며, 이는 대규모 금융 회사에 대한 강력한 규제로 표출되었다. 19세기 초 제2차 미국 은행(The Second Bank of the United States) 재인가에 대한 거부권의 발동과 남북전쟁 중에 발의된 국법은행법(National Banking Act)을 통해 나타났던 대규모 금융 기관에 대한 불신과 견제는 실제로 규모와 영향력이 큰 금융 기관들이 출현하기 시작한 19세기 말부터 더욱 강하게 나타났다. 즉, 20세기 초의 투자 은행 및 생명보험 회사 규제를 통해 보다 강하게 발현된 금융 기관에 대한 반(反)대기업 정서는 1930년대 은행법을 통해 그 절정에 도달하였다.

대규모 금융 기관에 대한 대중적인 반감과 이를 반영한 적대적인 공공 정책은 미국 기업 지배 구조의 형성에도 중요한 영향을 미친 것으로 평가된다. 애초에 지점 설립의 규제 등으로 인해 파편화된 단점 체제를 형성했던 은행은 대기업의 대주주가 되기에는 지나치게 규모가 작았으며, 1930년대의 은행법은 은행의 증권업 겸업과 주식 소유를 제한하였다. 20세기 초의 가장 거대한 금융 회사였던 보험 회사는 1906년 이래로 주식의 보유가 금지 내지 제한되었으며,

뮤추얼 펀드(mutual funds)와 연기금(pension funds)도 대규모 지분을 소유하는 데 있어서 여러 가지 법적 · 구조적 제약을 받았다. 소규모 지방은행들의 연합과 같은 이해 집단은 어떤 경우에는 법안의 통과를 위해, 대부분의 경우 법안 통과 이후 규제의 유지를 위해 정치적인 압력을 행사하였다. 요컨대, 대규모 금융 기관에 대한 대중의 반감과 이해 집단의 로비에 기초한 일련의 규제 법안으로 인해 기관 투자자에 의한 대지분의 보유는 원천적으로 봉쇄되었고, 미국 기업은 개인 투자자를 중심으로 하는 파편화된 소유 구조를 갖게 되었던 것이다.

이 연구는 이처럼 19세기 후반과 20세기 초반을 통해, 특히 강하게 나타났던 미국 금융 기관에 대한 반감과 이에 기초한 정부 규제가 구체적으로 어떤 형태로 나타났는지를 살펴볼 것이다. 특히, 사회 경제적인 변화에 따라 대규모 금융 회사에 대한 대중의 정서와 정부의 공공 정책이 어떻게 바뀌었는지를 자세하게 분석하려고 한다. 그리고 사회적 · 정치적 분위기를 반영한 정부의 금융 규제가 미국의 금융 산업의 발전과 경제 성장에 어떠한 영향을 미쳤는지를 분석할 것이다. 그리고 마지막으로 미국 거대 금융 기관에 대한 정부 규제가 20세기 후반부터 완화되기 시작한 이유를 탐색할 것이다.

II 미국 반금융자본 정서의 역사적 뿌리

영국의 식민지 지배에 반기를 든 독립 전쟁을 통해 국가를 건설한 미국의 국민들은 전통적으로 보통 사람들이 정치적 · 경제적 결정 과정에 참여하기를 기대해 왔고, 따라서 권력이 한 기관으로 집중되는 것에 대해 보다 강한 혐오감을 가져온 것으로 알려져 있다.[1] 이러한 힘의 집중과 거대 권력의 간섭에 대한 반감은 일찍이 큰 정부에 대한 불신으로 나타났으며, 산업화를 거치면서 대기업 및 거대 금융 기관에 대한 혐오감으로 이어져 온 것으로 보인다. 이는 19세기 말부터 20세기 초까지 나타난 인민주의 운동의 태동, 반독점법의 제정, 진보주의(progressivism)의 발흥 등의 중요한 정치적 · 문화적 기초였다.

거대 금융에 대한 적대감은 미국의 여러 이해 집단들이 비교적 쉽게 공유할 수 있는 정서였다. 월스트리트(The Wall Street)와 관련되지 않은 정치적 · 사회적 지도자들에게 있어서 거대 금융 회사의 발흥은 자신들의 지위와 기득권에 대한 잠재적인 위협으로 비추어졌다. 진보주의 운동의 지도자들은 대규모 기관으로부터 개인을 보호하는 것을 중요하게 생각했다. 농민이나 소규모 지방은행과 같이

1) 유명한 사학자인 호프스태터(Richard Hofstadter)는 이러한 미국민의 이데올로기를 다음과 같이 요약하고 있다. "평범한 미국인들이 생각하는 이상적인 경제적 삶의 모습은 오래전부터 재산과 권력이 넓게 분산된 농촌 사회의 조건 하에서 형성되었다. 이러한 농촌 사회에서 대규모 기관은 부수적인 역할만을 수행하였다"(Hopstadter, 1955: 215).

대기업이나 대규모 금융 기관과 이해관계가 상충되는 집단은 실제로는 조직화되어 적지 않은 힘을 지니고 있었음에도 불구하고, 개인 또는 개별 은행이 가진 약한 이미지 때문에 덜 위협적으로 받아들여졌다. 반면 대규모 은행이나 보험 회사는 거대하고, 비인간적이고, 접근하기 어려우며, 설득하기 어려운 존재로 부각되어 정치적인 제약이 필요하다고 생각하게 하였다. 뒤에 보다 자세하게 언급되겠지만 19세기 말과 20세기 초에 나타났던 금융 기관에 대한 의회의 조사나 금융 기관에 대한 정치적 지도자들의 적대적인 발언은 바로 이와 같은 이데올로기의 발현을 보여 주는 것으로 볼 수 있다.[2)]

거대 금융 회사에 대한 적대감은 흔히 다음과 같이 공공의 이익을 보호한다는 명분으로 포장되었다. 첫째, 금권 정치로부터 민주주의를 지킨다.[3)] 둘째, 거대 금융 기관으로부터 예금주, 보험 가입자, 소규모 투자자를 보호한다. 셋째, 금융 시장에 있어서의 독과점을 방지함으로써 소비자들을 보호한다. 넷째, 소유를 분산함으로써 공공 소유의 요구 및 계급 분화의 문제를 완화시킬 수 있다(Roe, 1994: ch. 4). 역시 뒤에 자세하게 언급되겠지만 정치인들은 자주 이러한 논리에 기초하여 경제적인 논리가 취약한 금융 규제를 법제화했던 것을 볼 수 있다.

2) 윌슨(Woodrow Wilson) 대통령 연설의 한 대목은 이러한 정서를 상징적으로 보여 준다. "이 나라에 있어서 가장 심각한 독점은 자본의 통제를 통해 우리의 오랜 다양성과 자유 그리고 발전을 향한 개인의 에너지를 파괴한 돈의 독점(the money monopoly)이다"(Roe, 1994: 31에서 재인용).

3) 윌슨 대통령은 다음과 같이 언급하였다. "만약 이 나라에서 미국 정부를 소유할 만큼 강력한 사람들이 있다면 그들은 그것을 소유하려 할 것이다"(Roe, 1994: 35에서 재인용).

미국의 정치적 구조의 특수성은 반금융자본 정서가 보다 쉽게 금융 기관에 대한 규제 정책으로 실현되도록 하였다. 특히, 연방주의(federalism)는 뒤에서 살펴보겠듯이 주법은행(state banks)과 연방은행(federal banks)이 공존하며 경쟁하는 은행 시스템이 출현하는 데 큰 역할을 하였다. 이렇게 파편화된 은행 제도는 소규모 단점 은행을 중심으로 한 이해 집단을 창출함으로써 대규모 금융 기관들의 성장을 반대하는 여론을 형성하는 데 도움을 주었다. 연방주의의 특성을 지닌 정치 구조는 또한 농민이나 소도시 은행가 등 대규모 금융 기관에 적대적인 집단의 정치력이 의회에서 과도한 영향력을 발휘하도록 만든 요인이었다. 소규모 은행이나 농민의 연합은 전국적인 대표성을 지녔기 때문에 정치적인 영향력을 확대시킬 수 있었던 반면, 월가는 지역적으로 집중되어 있었기 때문에 그와 같은 영향력을 발휘할 수 없었다. 정치적인 영향력이 컸던 의회의 위원회들은 중앙정부에 대한 권한의 집중이나 특정 기관에 대한 경제력 집중에 반대하는 남부의 보수 정치인들에 의해 좌지우지되었다. 투자 은행과 상업 은행의 분리를 주장했던 글래스(Carter Glass) 의원이 버지니아 주 출신이라는 것은 우연이 아니었다.

다양한 집단들의 이해관계도 대규모 금융 기관에 대한 적대감과 이것이 반영된 금융 규제 강화에 중요한 역할을 하였다. 예컨대, 소규모 상인들과 중소기업들은 지방의 소규모 은행으로부터 더 나은 서비스를 받을 수 있으리라 믿었다. 그리고 대공황기의 농민들은 금융 기관으로부터 충분한 신용을 제공받지 못한 것이 자신들이

처한 어려움의 근원이라고 생각했다. 워싱턴의 관료들은 경제에 대한 자신들의 장악력을 높이기 위해서는 월스트리트가 산업을 통제하지 못하게 막아야 한다고 믿었다. 일단 금융 부문에 대한 규제가 시작되면 금융 기관의 경영자들까지도 규제 완화로 인해 경쟁이 심화되고 자신들의 입지가 약화될 것을 우려하는 경향이 있었다.

III 국법은행 제도 하의 미국 은행 제도와 금융 규제

1863년의 국가통화법(National Currency Act)과 1864년의 국법은행법(National Banking Act)에 의해 확립된 국법은행 제도(National Banking System)는 20세기 초까지 미국 연방정부의 은행에 대한 규제의 근간을 형성하였다.[4] 국법은행법의 실질적인 단기적 목표는 연방정부의 인가(national charter)를 얻으려는 은행으로 하여금 자본의 일부를 공채로 보유하게 함으로써 남북전쟁을 수행하는 데 필요한 전비를 조달하는 것이었다. 보다 장기적으로는 연방정부에 의해 통제되는 통일적인 은행 제도를 확립하고, 정부 공채를 기초로 발행되는 국법은행권(national banknote)을 전국적으로 유통시킴으로써 통화 시스템을 정비하는 것이었다.

4) 이하 연방은행 제도의 성격에 관한 서술은 Studensky and Krooss(1952), Sylla(1975), White(1983), 이철희(1990)에 주로 기초하고 있다.

이 법은 연방정부의 인가를 부여하는 데 대한 반대급부로 다음과 같은 규제를 부과하였다. 첫째, 은행 지점의 설립을 제한하였다. 국법은행법의 제8조는 은행의 통상적인 업무가 조직인증서에 명시된 장소에 입지한 사무소 또는 점포에서 이루어져야 한다고 명시하였으며, 이후의 은행 감독관들은 이를 지점 설립의 금지 조항으로 해석하였다. 이로 인해 남북전쟁 이전 남부 및 서부를 중심으로 제한적이나마 존재하던 지점의 운영은 1920년대에 이르러 사라지게 되었다. 주정부도 대체로 지점 설립에 반대하는 입장을 고수했으므로 주법은행들의 지점 설립도 강하게 제한되었다.

이러한 지점 설립에 대한 규제는 각 마을의 은행이 그곳 거주자에 의해 운영되는 것을 선호하는 대다수 주민의 정서를 반영한 것이었다. 미국인들은 다른 주 또는 다른 지방은행이 자신의 주 내지 지방에 설립한 지점의 영업이 그 지역의 부를 타지 사람들에게 이전시키는 결과를 가져올 것이라고 생각하였다. 그리고 여러 지점을 거느린 대규모 은행이 궁극적으로 지방의 소규모 은행들을 도산시키고 독점적인 지위를 장악할 것을 우려하였다. 이와 같은 규제는 19세기 후반과 20세기 초를 지나며 약간 완화되기는 했지만 장기적으로 미국 은행 제도가 소규모의 단점 은행 위주로 고착되는 결과를 가져왔다.[5] 둘째, 국법은행법은 은행이 위치한 지역의 인구에 따

5) 19세기 말 일부 주들이 지점 설립에 대한 규제를 완화하면서, 정해진 수의 지점 또는 정해진 도시 내에서의 지점 설립이 가능해졌다. 1909년 캘리포니아는 최초로 주 전체에 대한 지점 설립을 허용하였다. 이와 같은 주정부의 규제 완화에도 불구하고 1910년까지도 전체 은행의 3.4%에 불과한 292개 은행이 지점을 운영했을 뿐이다.

라 최소한의 필요 자본(minimum required capital)을 요구하였다. 이에 따라 인구가 6,000명 이하인 지역은 5만 달러, 인구 6,000-5만 명이 거주하는 지역은 10만 달러, 인구 5만 명 이상이 거주하는 지역은 20만 달러 이상의 자본이 있어야 연방정부의 인가를 획득할 수 있었다. 또한 잉여 기금(surplus fund)을 만들어, 신설 은행들로 하여금 최소 필요 자본액의 20%를 채울 때까지 반년에 한 번씩 이윤의 10분의 1을 입금하게 하였다. 1900년에 제정된 금본위법(Gold Standard Act)은 인구 3,000명 이하 소도시의 최소 필요 자본금을 2만 5,000달러로 낮추었다. 주법은행들의 최소 필요 자본금 규모는 관련 자료가 미비하여 확실하지는 않지만 대체로 연방은행의 요구액보다는 적었던 것으로 보인다. 특히, 남부와 서부의 경우 1만 달러의 자본금만으로도 은행 설립을 허가하는 주들이 많았다. 1900년의 금본위법에 의해 소도시 국법은행의 최소 필요 자본액이 낮아지자 여러 주정부도 따라서 주법은행의 필요 자본액을 축소하였다.

셋째, 국법은행법은 은행의 자산과 부채의 구성을 규제하였다. 먼저 동법은 토지나 건물 등 부동산을 담보로 한 대출을 제한하였다. 뉴욕, 시카고, 세인트루이스 등 대도시 연방은행들에 대해서는 부동산 저당 대부가 전적으로 금지되었으며, 지방은행의 경우에도 부동산 평가액의 50%를 상한으로 하여 5년 미만의 대부만 허용되었다. 또한 전체 부동산 담보 대출이 은행 자본의 25%를 넘지 못하도록 제한하였다. 다음으로 동법은 은행이 발행할 수 있는 은행권이 은행이 보유한 공채의 액면 가치의 90% 또는 300만 달러를 넘지 못하게 제한하였다. 그리고 주정부나 시정부의 채권과 같이 다양한 증권에 기초하여 은행권을 발행할 수 있었던 과거의 법규를 고쳐서 연방정부의 채권만을 은행권 발행의 기초로 인정하였다.

이와 같은 국법은행법의 각종 규제는 남북전쟁 이후 미국 은행 제도에 여러 가지 문제를 야기하였다. 일련의 연구들은 자본이 부족하고 농업 자산의 비중이 높았던 서부와 남부의 농촌 지역에서 최소 필요 자본의 요구와 부동산 담보 대출의 제한이 신규 은행에 대한 진입 장벽으로 작용했다고 지적하였다. 이러한 진입 장벽으로 인해 지방의 은행들이 독과점적인 지위를 누릴 수 있었고, 이러한 은행 제도의 구조로 인해 이자율의 지역적 격차가 나타났다는 주장도 있다(Sylla, 1975; Sushka and Barrett, 1986).

연방정부의 채권에 기초하여 은행권을 발행하는 데서 발생하는 문제도 제기되었다. 즉, 호황기에는 민간의 통화 수요가 늘어나게 되는데 은행은 공채보다 수익성이 높은 투자 기회를 발견하게 되기 때문에 공채 보유가 줄어들고 통화 공급은 감소하게 된다. 따라서 통화 시장에는 수급 불균형이 발생하게 된다. 그리고 은행권의 유통액이 공채 발행액에 의존하게 되기 때문에 연방정부는 재정 정책을 시행하는 데 제약을 받을 수 있다. 또한 이 제도 하에서 은행권의 유통액은 경직적으로 결정되고, 지역적으로는 도시에 집중되는 경향이 있었다. 따라서 봄 파종기와 가을 추수기에 자금 수요가 집중되는 미국 농업 부문에 있어서는 적절하지 못한 은행 제도였다(Studensky and Krooss, 1952). 이러한 은행 제도의 문제점은 통화 부족에 대한 농민들의 불만과 이것이 표출된 불환지폐 통용 운동(Greenback Movement)과 은화 통용 운동(Free Silver Movement)을 유발한 원인의 하나로 지적된다(White, 1983; Eichengreen, 1984; Snowden, 1987).

주법은행을 대체하여 연방정부에 의해 통제되는 통일적인 은행 제도를 창출하려는 국법은행법의 의도는 위에 지적한 여러 가지 규제 조항으로 인해 쉽게 실현되지 못했다. 법이 시행된 첫 해에 연방정부의 인가를 받은 은행은 불과 66개에 불과했다. 연방정부는 이에 대응하여 1864년 6월부터 주법은행이 발행한 은행권에 대해 2%의 세금을 부과하였으나 여전히 국법은행의 확산은 지지부진했다. 연방정부는 1866년 1월 주법은행권에 대한 세율을 10%로 높였고, 1870년에는 300만 달러로 제한한 국법은행권 발행 한도를 354만 달러로 상향 조정했으며, 5년 후에는 아예 은행권 발행 한도를 철폐하였다. 이와 같은 주법은행에 대한 규제 강화와 국법은행에 대한 규제 완화에 힘입어 이후 국법은행의 수는 빠르게 증가하였다. 1864년 467개였던 국법은행의 수는 1870년 1,612개, 1900년에는 3,731개, 1914년에는 7,518개로 증가하였다. 그러나 전반적으로 보아 1914년까지 국법은행과 주법은행 간의 경쟁은 주법은행의 승리로 기울었다고 평가할 수 있다. 1863년 1,466개였던 주법은행의 수는 국법은행법 제정 직후 크게 감소하여 1866년에는 297개에 불과하였다. 그러나 1880년 이후 주법은행은 크게 증가하여 1914년에는 국법은행 수의 거의 두 배에 달하는 1만 4,512개로 증가하였다. 연방정부의 강한 견제에도 불구하고 주법은행이 살아남아 발전할 수 있었던 가장 큰 이유는 애초에 국법은행에 비해 규제가 약했고, 국법은행에 대한 규제가 완화될 때마다 이에 대응하여 더욱 제약 조건을 완화했다는 것이다(White, 1983: 14-42). 그 이외에 예금 형태로 통화를 보유하는 경향이 강해지면서 주법은행권 발행에 대해 세금을 부과함으로써 발생하는 불리함이 약화되었다는 점(James, 1976), 공채 가격이 상승하여 국법은행의 은행권 발행 수익성이 낮아졌다는 점(Sylla, 1969) 등을 주법은행의 성공 요인으로 꼽을 수 있다.

국법은행법은 제정 이후 반세기 동안 미국 은행의 제도적인 성격을 규정하였다. 20세기 초까지 미국의 상업 은행은 기본적으로 소규모의 단점 은행이었고, 영업은 여신과 단기 상업 신용의 제공에 국한되었으며, 자산의 구성도 크게 제약되었다. 이와 같은 규제는 미국 은행의 효율성과 안정성을 저해했던 것으로 평가된다. 은행은 규모 및 범위의 경제를 실현할 수 없었으며, 중서부와 남부의 농촌 지역 은행들은 국지적으로 독과점적 지위를 누리기도 했다. 좁은 지역 내의 유사한 부문에 대해 대출이 집중되어 있는 소규모의 단점 은행 구조로 인해 특별한 경제적 위기가 아닌 시기에도 은행의 파산이 빈번하였다. 이 시기에는 다른 지역 금융 기관과의 청산을 위해 시골의 소규모 은행들이 도시의 대규모 은행에 잔고를 보유한 소위 코레스 은행 제도(Correspondent Banking System)가 발달하였다. 그런데 이 제도는 자금의 도시 편중을 가져오고, 특히 농번기 동안 농촌의 신용 경색을 가져왔다는 비판을 받았다. 빈번한 금융 위기에 대한 대응으로 1914년에 출범한 연방준비제도(Federal Reserve

System, 이하 연준)도 기본적으로는 구제도를 계승한 것으로, 위에서 지적한 문제점들을 충분히 해결할 수 없었다. 이 시기 미국 상업 은행들의 이와 같은 제도적인 취약성으로 인해 19세기 후반을 통해 빠르게 성장하는 산업이 필요로 하는 장기 투자 자본을 제공할 수 없었다.

IV 19세기 말부터 대공황 이전까지의 미국 금융 산업과 금융 규제

1. 투자 은행의 성장

19세기 초부터 시작된 운하와 철도의 건설은 미국 금융 시장으로 하여금 과거에 경험하지 못했던 대규모 자본 동원의 요구에 직면하게 했다. 특히, 19세기 중엽 이후 중서부 및 서부로의 철도망 확장은 필요 자금의 규모를 확대했을 뿐만 아니라 철도가 건설되는 지역과 자본이 동원되는 지역의 괴리를 가져와 자본 시장의 정보 비대칭성(information asymmetry) 문제를 악화시켰다. 즉, 철도 산업이 필요로 하는 자본은 이제 특정 철도 회사의 경영진과 그 운영 상황을 잘 모르는 타 지역 또는 해외의 투자자로부터 동원될 수밖에 없었다(Baskin and Miranti, 1997). 위에서 언급한 바와 같이 파편화되어 있었던 미국의 상업 은행들로서는 운하 및 철도 시대의 금융을 감당

할 능력이 없었다.

19세기 후반을 통해 장기 투자 자본을 동원하는 기능을 주도적으로 담당했던 미국의 금융 기관은 모건(J. P. Morgan), 쿤 롭(Kuhn, Loeb & Co.), 쿡(Jay Cooke) 등 사설 투자 은행(private investment bank)이었다. 특히, 1854년 주니어스 모건(Junious S. Morgan)이 영국 출신의 금융업자인 조지 피바디(George Peabady)와 파트너십을 이루면서 시작되었으며, 그 아들인 존 피어폰트 모건(J. P. Morgan)과 손자인 존 피어폰트 모건 2세(J. P. Morgan, Jr.)로 이어지면서 국제 금융 가문으로 형성된 J. P. 모건은 19세기 말부터 20세기 초반까지 미국 금융을 지배한 대표적인 투자 은행이었다. 이 시기 투자 은행들은 국가 및 지방정부의 채권과 철도를 비롯한 공익 산업의 채권을 인수 · 유통시키면서 성장하였다. J. P. 모건의 경우 미국, 영국, 프랑스 등 선진국 정부의 채권 발행을 성공적으로 주관하고, 19세기 말부터는 철도 산업과 전화, 가스, 전력 등 각종 공익 산업(public utilities)의 채권을 인수하며 명성을 쌓았다.[6)]

19세기 후반 미국은 산업화가 심화되고 확산되는 가운데 산업조직의 근본적인 변화를 경험하였다. 소위 제2차 산업혁명으로 알려진 신산업의 성장과 새로운 생산 기술의 도입과 함께 많은 기업들이 규모 및 범위의 경제를 실현하며 근대적인 대기업으로 성장하였다(Chandler, 1977, 1990). 1898-1902년에 발생한 소위 기업 합병 운동

6) 이 시기 미국 투자 은행의 성격에 관해서는 Carosso(1970), Chernow(1990), 이철희(1990) 등을 참고하라.

(merger movement)을 통해서는 많은 수의 거대 독과점 기업이 출현하였다. 이와 같은 산업의 변화는 설비 투자, 신기술의 개발, 인수 합병 등을 위한 대규모 장기 자본에 대한 수요를 급속하게 증가시켰다. 기존의 상업 은행은 국법은행법에 의해 부과된 지점 설립의 금지, 자산 구성 선택의 제약, 업무 영역의 제약 등으로 인해 이러한 경제적 변화가 가져온 기회에 적절하게 대응하기 어려웠으며, 이에 따라 산업 자본의 동원과 배분은 증권 시장의 손에 맡겨졌다.

19세기 말 이후 성공적인 대기업이 성장하면서 산업 부문에 대한 신뢰도가 높아지고 제한적이나마 기업 정보 공개 개선에 힘입어 자본 시장에서 정보상의 비대칭성이 다소 완화되었다. 이에 따라 산업 부문의 채권과 주식이 증권 시장에서 거래되기 시작하였다.[7] 이러한 과정이 시작될 무렵 J. P. 모건과 같은 대형 투자 은행들은 계속해서 공채, 철도, 공익 산업(utilities)의 증권 등 당시의 블루칩에 치중하였고, 골드만 삭스(Goldman & Sachs)나 리먼 브라더스(Lehman Brothers)와 같이 중소 규모의 사설 투자 은행들이 새로운 기회에 적극적으로 대응하였다. 그러나 20세기 초에 이르게 되자 우량주를 고집하던 거대 투자 은행들도 빠르게 성장하는 산업 부문의 매력을 간과할 수 없게 된다.

이 시기 거대 투자 은행들이 지녔던 힘의 원천은 강력한 자금 동원 능력이었다. 이러한 자본 동원력은 해외 투자자들과의 사적

7) 이 과정은 이철희(2003)에 정리되어 있다.

관계와 국내 여신 금융 기관에 대한 지배력에 기초하고 있었다. 예컨대, J. P. 모건은 처음부터 런던에 근거지를 둔 금융 회사로 출발하였고, 줄곧 런던 지사의 파트너를 통해 영국의 정관계 및 투자자들과의 긴밀한 사적 관계를 유지하고 있었다. 이는 모건은행이 유럽 자본을 동원할 수 있는 중요한 기반이었다. 또한 모건은행은 지분의 보유와 이사의 겸임 등을 통해 대규모 생명보험 회사와 상업 은행에 대한 지배권을 행사하고 있었다. 20세기 초 모건은행은 New York First National Bank의 두 번째 대주주로 이사진을 파견하고 있었고, Bank Trust, Guarantee Trust, National Bank of Commerce와 같은 은행들과 Equitable Life, Mutual Life 등의 생명보험 회사를 의결권 신탁(voting trust)을 통해 지배하였다. 이 밖에도 모건은행의 파트너들은 34개 은행 및 신탁 회사의 188개 이사진과 10개 생명보험 회사의 30개 이사진을 점유하고 있었다.

이 시기의 투자 은행들은 단순한 금융 중개 기관의 역할을 수행하는 데 그치지 않고 투자자들의 이익을 지키기 위해 투자 대상 기업의 경영에 적극적으로 개입하였고, 더 나아가 그 기업의 수익률을 높이기 위해 기업 간의 담합이나 결합을 추진하기도 했다. 거대 투자 은행들은 다른 금융 회사에게 했던 것처럼 이사직의 겸임, 지분의 보유, 의결권 트러스트와 같은 방식으로 일반 기업에 대한 지배권을 행사하며 경영에 관여하였다. J. P. 모건은 19세기 말 철도 회사들이 과도한 부채와 과잉 중복 투자로 어려움을 겪게 되었을 때 카르텔 조직을 주도하였으며, 이것이 실패로 돌아가자 파산한 철도 회사들의 구조 조정 혹은 재설립을 통해 지배권을 확립하였다.[8] 그리고 19세기 말과 20세기 초, 기업 합병 운동 시에는 기업 간의 인수 합병의 금융 상담자 내지 조직자로서 적극적인 역할을 수행하였다. J. P. 모건은 이와 같은 과정을 거치며 20세기 초까지 최소 10개의 철도 회사와 3개의 전차(street railway) 회사, 그리고 U.S. Steel, General Electric, AT&T, International Harvester 등 거대 합병 기업들에 대해 지배권을 행사하였다.

2. 거대 금융 자본에 대한 사회적 반감과 정부의 금융 규제

19세기 말에서 1930년대에 이르는 반세기 동안 J. P. 모건과 같은 투자 은행은 어떤 기업이나 금융 기관보다도 더 막강한 경제적 권력을 보유했던 것으로 평가된다. 모건가의 금융 회사는 구겐하임(Guggenheim), 듀퐁(Dupont), 밴더빌트(Vanderbilt) 등 한 시대를 풍미한 명문가들을 고객으로 두었고, U.S. Steel, General Electric, General Motors, Dupont, AT&T 등 미국의 대표적인 거대 기업의 설립을 주도했거나 그들의 주거래 은행이었다. 미국에 중앙은행이 없던 1913년까지 모건은행은 실질적인 중앙은행으로 기능하여 1895년의 금 유출 위기에 몰린 미국의 금본위제(gold standard)를 지켰고, 1907년의

8) 당대 사람들은 이를 '모거니제이션'(Morganization)이라고 불렀다. 이러한 과정을 통해 모건은행의 영향권에 속하게 된 회사들이 소유한 철도의 연장은 총 3만 5,100km로 당시 미국 전체 철로의 6분의 1에 달하는 것이었으며, 이 회사들의 연간 매출액은 미국 정부 연간 세입의 절반 수준이었다(Chernow, 1990: 137).

금융 시장 패닉을 종식시켰으며, 뉴욕 시정부를 세 차례의 채무 불이행 위기에서 구제했다. 모건은행은 여러 국가들의 금융 회사와 중앙은행, 그리고 정치인들과 긴밀한 네트워크를 구축하여 사업에 활용했으며, 모건의 파트너들은 미국의 사실상 금융 대사로 미국의 대외 정책에 깊숙하게 개입하였다.[9]

미국의 거대 투자 은행들이 누렸던 부와 권력은 이들에 대한 대중과 정치권의 반감과 비판을 불러들였다. 모건은행의 파트너들은 당시로서는 천문학적인 수입을 올리며 귀족적인 호화 생활을 누렸고, 그 단면이 언론에 공개될 때마다 일반인들의 위화감을 야기하였다. J. P. 모건의 경우 특이한 외모와 괴팍한 성격, 그리고 이성 관계가 줄곧 시중의 가십거리가 되었다. 국제 교역의 증진과 금본위제 유지를 옹호했던 모건은행은, 디플레이션 극복을 위해 불환 화폐 및 은을 통용해야 한다고 주장했던 1890년대 인민주의 세력으로부터 외국 자본의 하수인이라는 비난을 받았다. J. P. 모건과 로스차일드(Rothschild) 등이 참여한 신디케이트는 1895년 금 유출 위기를 막기 위해 발행된 미국 정부의 채권을 헐값에 인수했다는 시비에 휘말리기도 했다. 미국 언론에 의해 '트러스트의 왕', '세계의 모거나이저', '금융 타이탄', '금융계의 나폴레옹' 등의 별명으로 불리었던 J. P. 모건은 미국 국민에게 전원적인 미국을 파괴한 거대한 산업

9) 이 모건은행은 20세기 초반 미국이 채권국으로 전환하면서 미국 자본의 중남미 및 아시아 진출의 배후 역할을 하였다. 제1차 세계대전 중 연합국에 대한 상업 금융의 제공, 유럽 국가들의 금본위제 복귀를 위한 금융 지원, 패전국들에 전쟁 배상을 위한 채권의 발행, 1920년대 관동대지진 직후 일본에 대한 구제 금융의 제공 등 경제사의 주요 사건 배후에 늘 모건은행이 있었다(Chernow, 1990).

자본의 거물로 인식되었다.[10] 뉴욕 브로드웨이에서 인기를 끈 한 쇼에서는 악마들이 나타나 지옥의 한 의자 주변에 불을 내뿜으며 이렇게 노래했다. "이 의자는 금융계의 거물인 모건을 위한 자리다."[11]

거대 금융 기관에 대한 사회적인 반감은 20세기 초에 대기업과 금융 자본에 대해 비판적인 정권이 집권하면서 정치적인 공격으로 발전한다. 1901년 암살된 매킨리(William McKinley) 대통령의 뒤를 이어 대통령의 자리에 오른 시어도어 루스벨트(Theodore Roosevelt)는 일련의 반대기업적인 정책을 펴면서 거대 금융 기관들에게 타격을 가하였다. 루스벨트 정부의 법무장관은 J. P. 모건이 경쟁 관계에 있는 철도 회사들의 제휴를 이끌어 내어 설립한 Northern Securities를 반독점법 혐의로 기소하였고, 1904년 대법원 승소 판결을 이끌어 냈다. 이 소송은 셔먼법이 지주 회사에도 적용된다는 것을 확인함으로써 기업 합병 붐이 가라앉게 만드는 계기가 되었다.

20세기 초 현재 가장 규모가 크고 빠르게 성장하는 금융 회사였던 생명보험 회사에 대한 정치적인 공세도 강화되었다. 생명보험 회사는 은행에 대한 규제가 적용되지 않았기 때문에 비교적 자유롭게 지점을 설치하거나 다른 금융업으로 진출할 수 있었다. 이러한

10) 이러한 J. P. 모건의 대중적 이미지는 다음과 같은 『라이프』지의 풍자를 통해 잘 나타난다. "질문: 찰리, 누가 세상을 창조했지? 대답: 하느님이 기원전 4004년에 창조하셨습니다. 그리고 1901년 제임스 J. 힐과 존 피어폰트 모건, 존 D. 록펠러가 세상을 재창조했습니다(Chernow, 1990: 155에서 재인용)."

11) Chernow(1990), p. 201에서 재인용.

특성으로 인해 대기업에 대한 불신이 만연했던 진보 시대에 있어서 여론과 정치권이 제기한 비판의 주된 표적이 되었다. 실제로 일부 보험 회사들은 자사에 호의적인 법을 제정하기 위해 거액의 정치헌금을 함으로써 정경 유착의 주범으로 비쳐졌다. 그리고 보험 회사의 경영진이 자사가 투자한 기업의 이사로 취임하여 보수를 챙기고, 자신들이 보유한 주식을 높은 가격으로 매각하는 사례도 있었다. 생명보험 회사들은 또한 투자 은행들과 결탁하여 고객들의 자금을 위험한 투자에 이용함으로써 결과적으로 순진한 보험 증서 소지자들을 속였다는 비판을 받았다. 한편, 거대 투자 은행들은 이사진의 파견이나 지분의 보유를 통해 생명보험 회사를 실질적으로 지배하면서 생명보험 회사들의 자금을 독식했다는 혐의를 받았다.

1904년에 한 생명보험 회사의 비리가 전직 임원에 의해 누설되면서 시작된 스캔들은 소위 금융 자본에 대한 대중의 반감을 고조시키고 대규모 금융 기관에 대한 정치적인 공세를 강화시키는 계기가 되었다.[12] 이 사건을 계기로 1905년에는 위원장의 이름을 따서 통상 암스트롱(Armstrong) 위원회로 불리는 상하원 합동조사위원회가 열려 생명보험 회사 및 투자 은행의 부정과 비리에 관한 실태 조사에 착수했다. 동 위원회는 생명보험 회사 임원들이 자신이 주식을 보유한 기업에 막대한 회사 자금을 투자하고, 고객의 돈으로 주의회 의원들에게 로비를 벌였다는 사실을 밝혀 냈다. 이 위원회는

12) 일련의 스캔들은 Equitable Life Assurance Society를 지배하는 트러스트의 젊은 상속자가 벌인 호화 파티가 언론을 통해 공개되면서 시작되었다(Roe, 1994).

조사 결과를 기초로 생명보험회사에 대한 개혁 법안을 제시하였고, 이 법안은 1906년 6월 뉴욕 주에서 통과되었다. 그리고 1907년까지 다른 19개 주에서 유사한 법안이 통과되었다. 이후 전개된 일련의 규제에 의해 보험 회사는 출자 및 이사진 파견을 통해 투자 은행과 맺었던 연관 관계(interlocking relationship)를 단절해야 했고, 단독으로 혹은 신디케이트 참여를 통해 증권을 인수하거나 매매하지 못하게 되었다.[13] 증권 시장의 불법적인 거래와 금융업자들의 비도덕적인 행위를 바로잡기 위한 노력은 1910년대에도 계속되었다. 1911년 캔자스 주에서 처음 제정된 소위 블루스카이법(Blue Sky Law)은 주 은행 감독관(state bank commissioner)으로 하여금 새로 발행되거나 시장에서 거래되고 있는 주식을 사전에 심사하도록 했다. 이와 유사한 법안은 이후 20년 동안 여러 주로 확산되었다. 일부 주에서는 기업 정보의 공시 및 증권거래인(dealer)의 등록을 의무화하기도 하였다. 이는 부분적으로 다른 주의 증권 회사로부터 오는 경쟁 압력을 완화하려는 소규모 은행들의 이해가 반영된 것이었다.

1911년 태프트(William H. Taft) 행정부는 모건은행에 의해 합병이 조직되었으며 그 영향권 내에 있었던 U.S. Steel과 International Harvester를 반독점법 위반 혐의로 기소했다. 이 가운데 International Harvester는 법원에서 범죄 혐의가 인정되어 세 개의 기업으로 분할

13) Roe(1994)에 따르면 생명보험 회사에 대한 공격은 경제력의 집중, 특히 금융 자본에 의한 산업 자본의 지배에 대한 정서적인 거부감이 정치적으로 표출된 것이었다. 이 연구는 이와 같은 금융 기관의 기업 지배에 대한 정치적인 견제가 결과적으로 미국 기업의 소유권이 분산되게 만든 요인이라고 주장하였다.

되었다. 대통령 선거가 있었던 1912년에는 거대 금융 자본이 산업 트러스트를 구축하였고 이후 그 경영까지 장악했다는 비판이 핵심적인 정치적 이슈로 떠올랐다. 특히, '머니 트러스트'라는 용어를 널리 퍼트리며 J. P. 모건과 같은 투자 은행들을 거세게 공격했던 찰스 린드버그(Charles A. Lindberg) 의원은 월스트리트의 금융 집중을 조사하자는 결의안을 하원에 제출했고, 그 결과 하원 금융통화위원회 산하에 소위원회가 설치되어 금융 산업 집중화 실태를 조사하였다. 위원장인 민주당 아르센 푸조(Arsene P. Pujo) 의원의 이름을 따서 '푸조 위원회'로 불린 이 위원회는 1912년 11월 윌슨이 대통령으로 당선된 후 본격적인 조사 활동에 들어갔다. 결국 J. P. 모건과 그 파트너들은 이 위원회의 청문회에 증인으로 세워지는 수모를 겪게 된다.

푸조 위원회의 조사 이후 나타난 개혁 조치의 하나는 1913년 12월에 윌슨 대통령에 의해 공포된 연방준비제도이사회법(Federal Reserve Board Act)이었다. 연방준비제도의 설립으로 미국은 금융 위기가 발생할 경우 이에 대처할 수 있는 중앙은행을 보유하게 되었다. 이에 따라 1907년의 금융 패닉의 경우와 같이 거대 투자 은행의 영향력에 의존하여 위기를 타개할 수밖에 없는 상황은 피할 수 있으리라 기대되었다. 1913년 가을, 대기업과 거대 금융 기관의 가장 강력한 적수 가운데 하나였던 브랜다이스(Louis D. Brandeis)는 *Other People's Money and How the Bankers Use It*이라는 책을 통해 기업의 이사회를 장악한 은행가들의 부도덕성과 탈법 행위를 신랄하게 비판하였다. 1914년의 클레이튼법은 마침내 부정적인 거래의 온상이자 담합과 산업 집중의 요인으로 비판 받아 온 금융 회사와 일반 기업 간의 연관 관계를 금지하였다.[14)]

이상에서 본 바와 같은 금융 자본에 대해 가해진 꾸준한 정치적인 공세에도 불구하고 20세기 초를 통해 전개된 정부의 금융 규제는 1930년대에 뉴딜 행정부가 들어설 때까지는 그다지 큰 실효를 거두지 못했다. 금융 회사와 일반 기업 간의 연관 관계를 금지한 클레이튼법의 조항은 제1차 세계대전이 발발하고 미국이 참전하게 된 후 전비 조달을 위한 정부–금융 회사 협력 관계에 매몰되어 유명무실해졌다. 1914년에 정식으로 발족한 연방준비제도는 그 구조적인 성격 때문에 뉴욕의 거대 은행들의 영향력을 감소시키지 못했다. 즉, 워싱턴의 연방준비이사회의 권한은 미약했던 반면 뉴욕 연방준비은행은 유럽 중앙은행과 외환 시장을 감독하면서 막강한 힘을 지니고 있었다. 더욱이 뉴욕 연방준비은행의 초대 총재로 임명된 벤저민 스트롱(Benjamin Strong)은 J. P. 모건과 긴밀한 인적인 유대 관계를 맺고 있었던 인물이었다. 결국 개혁 세력의 기대와는 달리 J. P. 모건과 같은 거대 금융 회사의 영향력은 1913년 이후에도 감소하지 않았다.

14) 클레이튼법은 다음의 네 가지 행위를 금지하였다. ① 경쟁을 저해하는 가격 차별, ② 경쟁을 저해하는 기업 합병, ③ 경쟁을 저해하는 끼워팔기(tie-ins) 및 배타적 거래(exclusive dealing), ④ 경쟁 기업 간의 이사진 교차 파견(interlocking directorates).

3. 상업 은행의 변모

19세기 말 이후 대형 상업 은행들은 산업화의 심화와 근대적 대기업의 형성과 같은 경제적인 변화가 제공한 기회에 적극적으로 대응하였다. 이들은 기존의 법을 위반하지 않는 범위 내에서 규제를 회피하면서 다양한 방법으로 규모의 확대와 업무 영역의 다각화를 추구하였다. 특히, 유력한 상업 은행들이 투자 은행의 업무 영역으로 진출하기 시작하면서 상업 은행과 투자 은행의 구분은 점점 더 모호해지게 되었다. 1900년 이전까지의 상업 은행들은 채권 부서(bond department)를 두어 내부적으로 은행의 투자 업무를 총괄하였다. 이 부서는 점차 확장되어, 신주의 인수, 신디케이트의 결성, 은행의 고객이나 증권 회사(brokerage firm)에 대한 증권의 배분과 같은 업무를 수행하였다. 20세기 초가 되면 상업 은행의 채권 부서는 사설 투자 은행(private investment banking house)이 일반적으로 제공하는 모든 종류의 서비스를 기업들과 투자자들에게 제공하게 된다. 이들은 또한 은행 고객들에게 일반적인 증권 중개 서비스를 제공하기도 했다.

1902년부터 통화감사관(comptroller of currency)은 국법은행의 투자 업무의 일부를 제약하기 시작했으며, 이러한 규제를 회피하기 위해 채권 부서를 운영하던 국법은행들은 증권 자회사(security affiliates)를 설립하였다. 이와 같은 증권 자회사의 효시는 1903년 시카고의 First National Bank가 설립한 The First Trust and Savings Bank of

Chicago이다. 증권 자회사는 형식적으로는 국법은행의 주주들이 소유하고 있으며 주정부의 인가를 받은 주식회사(state-chartered corporations)였다. 은행과 증권 자회사의 소유가 동일하게 되는 것을 보장하기 위해 주주들은 두 회사의 주식을 따로 사거나 팔 수 없도록 규정하였다. 주법은행은 연방정부의 규제를 받지 않았으므로 계속해서 채권 부서를 통해 투자 은행 업무를 수행하였다. 1906년 뉴욕 주에서 시작된 생명보험 회사에 대한 규제는 상업 은행들에게는 투자 은행 영업을 확대할 수 있는 기회를 제공하였다. 즉, 생명보험 회사가 신주의 인수에 참여할 수 없게 됨에 따라 더 많은 수의 은행이나 신탁 회사가 신주 인수를 위한 신디케이트에 참여할 수 있게 되었던 것이다.

신탁 회사(trust company)는 매우 느슨한 규제에 힘입어 1890년대부터 다양한 상업 은행 및 투자 은행 업무를 수행할 수 있었다. 이 회사들은 여수신 업무를 수행하였으며 철도 산업의 구조 조정 및 산업 부문의 기업 합병에 깊숙하게 관여했다. 또한 신주의 인수 및 배분 업무와 개인과 기업들에 대한 자문역을 수행하기도 했다. 1914년에 이르게 되면 유수한 대형 신탁 회사들은 상업 은행과 생명보험 회사에 대해 주식의 상장과 신주의 판매와 같은 부수적인 서비스를 제공해 주는 역할을 하게 된다. 이처럼 사설 투자 은행, 상업 은행, 생명보험 회사는 업무 영역에 제약이 적었던 신탁 회사의 연관 관계를 통해 법에 의해 금지된 영업을 수행할 수 있었다.

상업 은행의 변화는 1920년대를 통해 그 정점에 달했다. 제1차 세계대전은 상업 은행들의 증권 업무를 더욱 확대시키는 계기가 되었다. 전쟁 중 전비 조달을 위해 대량의 자유 공채(liberty bonds)를 판매해야 했던 정부는 앞에서 언급했듯이 클레이튼법에 의해 부과된 금융–산업 연관 관계의 금지를 크게 완화할 수밖에 없었다. 전쟁 이후 거의 10년 동안 계속된 호황은 금융 자본에 대한 비판을 잠재우는 역할을 했다. 상업 은행의 고객들은 전쟁 이후 정부가 부채를 점진적으로 줄이자 새로운 투자 기회를 모색하기 위해 은행에 조언을 구하기 시작하였다. 대규모 상업 은행들은 기업에 대한 투자 업무를 독립된 증권 부문 자회사에 이전하여 완전한 투자 은행 내지 증권 회사로서 영업을 수행하였다. 시티은행(Citibank)의 전신인 National City Bank of New York과 체이스맨해튼(Chase Manhattan)은행의 전신인 Chase National Bank 등 뉴욕의 양대 은행은 이 분야의 선두 주자였다. 상업 은행 및 증권 부문 자회사들은 다수 고객들의 예금으로부터 조달된 자금을 이용하여 신주 인수 신디케이트에 참여할 수 있었고, 은행 고객들을 대상으로 쉽게 증권을 판매할 수 있었다.

지점을 설립하는 것과 관련된 규제에도 변화가 있었다. 연방정부는 주법은행과의 경쟁에서 밀리지 않기 위해 국법은행의 지점을 설립하는 데 대한 규제를 점차 완화했다. 1909년 캘리포니아 주를 시작으로 1924년까지 11개 주가 지점을 설립할 수 있는 범위를 주 전체로 확대하였고, 9개 주가 제한적인 지점 설립을 허용했다. 1927년의 맥파든법(McFadden Act)은 지점 설립을 허용한 주의 국법은행들로 하여금 본점이 있는 도시에 한해 지정된 수의 지점을 설립하도록 허용하였다. 이와 함께 1920년대를 통해서 한 개인이나 은행 지주 회사(bank holding company)가 여러 은행의 주식을 소유하여 통일적인 영업을 수행하는 체인 은행(chain banks) 혹은 그룹 은행(group banks)이 성장하였다. 이처럼 20세기 초를 통해 일부 은행들은 지리적인 다각화와 서비스의 집중화를 통해 소규모 단점 은행의 한계를 어느 정도까지 극복할 수 있었다.

요컨대, 19세기 말과 20세기 초를 통해 가장 강력한 금융 기관으로 성장한 투자 은행과 보험 회사는 일반 국민과 정부로부터 강력한 비판과 공격을 받았다. 부정한 거래 행위가 발각되거나 임직원의 비리가 폭로되는 경우 이는 거대 금융 회사 전체에 대한 강한 비판을 야기하였고, 이는 때로 대중의 적대감을 등에 업은 정치권의 공식적인 조사로 이어졌다. 그리고 조사를 담당한 위원회는 금융 기관의 영업 행위에 대한 규제를 권고하였고, 이는 각종 규제 법안의 출현을 가져왔다. 그러나 적어도 1930년대 초까지 이러한 규제는 거대 금융 기관의 영향력을 효과적으로 감소시키지는 못했던 것으로 평가된다. 한편, 상업 은행들은 19세기 말 이후 여러 가지 규제들을 회피하면서 규모를 확장하고 업무 영역을 넓혀 나갔다. 이러한 변모는 산업의 발흥과 대기업의 성장과 같은 새로운 경제적 기회에 대한 대응이었다. 그리고 1920년대의 호황은 대중 및 정치권으로 하여금 금융 회사들이 처한 정치적인 환경을 호의적으로 바꾸었다. 이에 따라 1920년대를 통해 미국 상업 은행들은 그 이전에 비해 규모를 확대하고 업무 영역을 다각화하며 성장하였다.

V 1930년대 은행 위기와 글래스-스티걸법의 제정

1929년 대공황의 발생과 이어진 금융 부문의 위기는 시장의 기회에 대응한 은행 업무의 다각화나 은행과 기업의 제휴 관계에 대한 뿌리 깊은 정치적 반감에 다시 불을 지피는 계기가 되었다. 1929년 10월의 주식 시장 붕괴와 이어진 자산 가치의 하락은 증권 부문 자회사를 거느린 상업 은행들과 부동산에 투자한 금융 기관들의 파산을 가져왔다. 여러 은행들과 보험 회사를 체인 관계를 통해 통제했던 남부 최대의 금융 그룹인 Caldwell and Company는 주가의 하락으로 인해 파산하였고, 이 사건은 이 은행과 연계된 120개 금융 기관의 연쇄 파산으로 이어졌다. 첫 번째 은행 공황은 1930년 12월에 정점에 달하여 뉴욕의 거대 은행이었던 Bank of the United States가 파산했다.

1931년 초에는 오스트리아 최대 은행인 Credit Anstalt의 파산과 연방준비이사회의 긴축 정책 등으로 말미암은 제2차 금융 공황이 발생하였다. 1932년 말에서 1933년 봄 사이에는 미국이 금본위제를 이탈하여 평가절하를 단행할 것이라는 루머가 퍼지면서 제3차 금융 공황이 발생하였다. 공황 상태에 빠진 예금주들의 연쇄 인출 사태(bank run)를 막기 위해 1932년 10월에는 주정부로는 처음으로 네바다 주가 은행 휴업(bank holiday)을 선포하였다. 1933년 3월 루스벨트 대통령은 전국적인 은행 휴업을 선포하여 달러화의 금 태환을 일시적으로 중지시켰다. 1930년대 초의 은행 공황으로 인해 미국의 금융 산업은 엄청난 타격을 입었다. 1929년 6월에 2만 4,504개였던 상업 은행의 수는 1933년 3월까지 1만 1,878개로 감소했고, 예금의 잔고는 같은 기간 동안 490억 달러에서 230억 달러로 축소되었다. 이 3년 동안 전체 금융 자산의 명목가치는 약 20% 감소하였다.

정치권은 1929년의 주식 시장 붕괴와 1930년 이후 연달아 발생한 금융 공황의 책임을 여러 가지 혁신을 통해 새로운 산업과 투자자들에게 접근하려고 했던 금융업자들에게 전가하였다. 상원의 금융통화위원회에서 개최된 청문회는 여러 증인들의 진술을 통해 연일 금융업자들의 불건전한 영업 행위, 권한의 오용과 남용, 그리고 각종 비리를 폭로하였다. 동 위원회의 위원장으로 청문회를 주재했던 페코라(Ferdiand Pecora)는 의회 청문회 회고록에서 상업 은행과 투자 은행들이 이해의 상충 문제를 야기했고, 은행의 자산을 잘못 관리했으며, 순진한 투자자들로 하여금 위험이 높은 증권을 구매하도록 권유했다고 비판하였다.[15] 특히, 증권 부문 자회사를 통한 상업 은행의 증권업 참여는 은행의 연쇄 파산을 비롯한 금융 위기의 주된 원인으로 지적되었다.

은행 개혁을 둘러싼 논쟁의 이면에는 이념적인 편향성과 이해

15) 예컨대, 페코라는 National City Bank 금융 그룹이 후에 휴지 조각이 되어 버린 남미의 채권을 구매하도록 강권했으며, 도덕적으로 의심스러운 거래 행위를 했다는 사실을 발견했다. 또한 은행 및 그 자회사의 최고책임자였던 미첼(Charles E. Mitchell)은 주주 및 투자자들의 권익을 보호하지 못했으면서도 임원들에게는 고액의 상여금과 특별한 투자 기회를 제공했음을 지적하였다. Chase National Bank 금융 회사와 그 회장인 위긴(Albert H. Wiggin) 역시 유사한 비판의 대상이 되었다. 결국 미첼과 위긴은 강제로 사직했고, 두 금융 회사의 자회사들은 해체되었다(White, 2000: 764).

집단의 로비가 개입되어 있었던 것으로 보인다. 근래의 연구들은 상원 청문회가 상업 은행과 투자 은행의 분리론자였던 글래스(Carter Glass) 상원의원의 주장을 지지하는 방향으로 편파적으로 운영되었다는 것을 보여 준다. 상원 청문회는 글래스 의원의 견해를 공유하는 의원들과 그 지지자들에 의해 준비되고 구성되었고, 증인의 선정과 면담은 전략적으로 이루어졌으며, 심문은 반론의 기회가 없는 일방적인 것이었다. 청문회 기록을 면밀하게 검토해 보면 금융 회사와 그 임원들에 대한 비난과 이에 기초한 청문회의 결과가 대부분 근거가 없거나 매우 취약한 증거에 기초하고 있다는 사실이 드러난다(Benston, 1990). 또한 당시의 법에는 저촉되지 않았던 금융업자들의 영업상의 관행이나 사생활이 비도덕적인 것으로 강하게 매도되었다. 몇 가지 사례를 소개하면 아래와 같다.

페코라 청문회의 기록에 기초하여 Carosso(1970: 334)는 금융 회사 임원의 비도덕성에 대해 다음과 같이 진술하고 있다. "National City Company의 임원들이 높은 연봉을 받고 회사 주식의 상장에 개인적으로 참여했다는 것보다 더 충격적인 사실은 금융계의 유력한 지주인 이들이 소득에 대한 세금을 회피하기 위해 모든 가능한 합법적인 수단을 동원했다는 것이다." 이 비난의 근거는 이 회사 최고 경영자인 찰스 미첼(Charles E. Mitchell)이 자신이 보유한 회사 주식을 부인에게 매도하여 거액을 합법적으로 절세했다는 것이다. 그러나 실제로 미첼은 이 주식을 1929년 증시 폭락 직후 회사의 주가 하락을 저지하기 위해 구매하였고, 주가의 추가적인 하락을 막기 위해 시장에서 판매하지 않았다고 진술하였다. 그의 행위는 법적으로 문제가 없는 것이었음은 물론, 그 의도에 있어서도 주주들에 대한 책임을 다한 것이었으나 동 위원회에 의해 다분히 악의적으로 왜곡되었던 것이다.

National City Company의 고위 임원들은 또한 자신들에게 과도한 보너스를 지급함으로써 주주들에게 배임 행위를 하였다는 혐의를 받았다. 그러나 실제로 이들의 급여 시스템은 주주의 이익을 극대화하기 위해 고안된 성과급 제도였다. 이 제도 하에서 주주들은 우선적으로 보유 주식 가치의 8%와 잔여 이윤의 80%를 배당받았으며, 임원들은 모두 똑같이 2만 5,000달러의 연봉을 받았다. 그리고 잔여 이윤의 20%에서 절반은 임원들의 지분으로 지급되고, 나머지 절반은 임원 상호 간의 투표에 의해 성과급으로 배분되었다.

청문회의 이목이 집중되었던 J. P. 모건의 경우 소득세를 탈루하고 단골 고객에 대해 특혜를 제공했다는 의혹이 제기되었다. 모건과 그의 파트너들은 1931년과 1932년에 주식 가격의 하락을 손실로 처리하여 소득세를 전혀 납부하지 않았다. 이는 불법은 아니었으나 불황의 늪에 빠져 있던 대중의 정서와는 거리감이 있는 행위로 비추어졌다. 또한 모건의 은행은 신주를 인수할 때 높은 프리미엄이 붙을 것으로 예상되는 주식을 단골 고객들에게 낮은 가격에 배분함으로써 이들에게 막대한 부를 안겨 주었다는 혐의를 받았다. 이 역시 법의 테두리를 벗어난 것은 아니었지만 일반 시민들에게 금융 시장이 일확천금과 온갖 협잡이 난무하는 곳이라는 인상을 심어 주었다. 이 청문회에 대한 언론 보도와 금융가들을 대공황의 주범으로 매도하는 뉴딜 지지자들의 비판은 주가 폭락과 은행 파산으로 인해 큰 손해를 본 투자자들은 물론 이와 무관했던 대다수의 일반인들에게 금융업자들에 대한 강한 반감을 심어 주었으며, 모종의 금융 개혁이 꼭 필요하다는 국민적인 공감대를 확산시켰다.

뉴딜 은행 개혁은 1933년과 1935년의 은행법(The Banking Acts)을 통해 구체화되었다. 1930년대 초반 은행 및 증권 관련 입법의 목적은 예금자와 투자자들에게 보다 안전한 금융 기관과 금융 시장을 형성하여 장래의 손실을 최소화하자는 것이었다. 그 수단의 하나로 1933년 은행법은 연방예금보험공사(Federal Deposit Insurance Corporation: FDIC)를 설립하여, 연방준비제도의 모든 회원 은행들과 연방예금보험공사의 승인을 받은 비회원 은행들이 가입하도록 하였다.[16] 또한 1933년의 은행법은 상업 은행과 투자 은행의 분리를 강제하였다. 이에 따라 증권의 발행 · 인수 · 판매 업무를 수행하는 개인이나 회사에 대해서는 수신 업무가 금지되었다. 그리고 은행과 증권 회사 간의 이사, 임원, 직원의 겸임을 포함한 모든 연관 관계가 금지되었다. 상업 은행의 증권 부문 자회사는 폐쇄되었고, 채권 부서는 축소되었다. 그 결과로 National City Bank는 그 자회사들을 청산하였고, Chase and First Bank of Boston의 자회사이던 First Boston

16) 동법에 의해 한시적으로 가입 은행들은 예금액에 비례한 기여금을 납부했으며, 가입 은행의 예금자들은 최대 2,500달러까지 은행 파산으로 인한 손실을 보상받을 수 있게 되었다. 1935년의 은행법으로 영구적인 제도가 정착되었고, 보험 대상이 되는 예금액은 5,000달러로 늘어났다.

Corporation은 모은행으로부터 독립하였다. J. P. 모건은 여수신 업무를 선택했으며, 일부 파트너들이 분리해 나가 새로운 투자 은행 Morgan Stanley & Co.를 설립하였다.

1933년과 1935년 은행법은 또한 일련의 규제를 통해 상업 은행 간의 경쟁을 제한하였다. 이는 은행 간의 과당경쟁으로 인해 지불 이자가 과도하게 높아진 것이 1930년대 초의 은행 공황의 원인 가운데 하나라는 주장을 반영한 것이었다. 이에 따라 요구불 예금에 대한 이자의 지급이 금지되었고, 저축성 예금에 대한 이자의 상한이 설정되었다. 1935년의 은행법은 연방정부에게 은행 설립을 인가할 수 있는 재량적인 권한을 줌으로써 한 세기에 걸쳐 유지되어 오던 자유로운 은행의 설립(free banking)을 중지하고, 신규 은행의 진입을 제한하기 시작했다. 또한 개별 연방준비은행의 권한을 축소하고 워싱턴의 연방준비이사회의 권한을 강화함으로써 뉴욕 연방준비은행을 통해 간접적으로 행사될 수 있었던 월스트리트의 영향력을 축소시켰다.

뉴딜 은행 입법은 은행의 지리적인 팽창에 대한 기존의 규제를 소폭으로 변경하여 19세기로부터 이어져 오던 단점 은행 제도를 유지하였다. 먼저 맥파든법(McFadden Act)을 수정하여, 국법은행에게 경쟁 관계에 있는 주법은행들이 누리는 것과 동일한 지점 설립의 권한을 부여하였다. 둘째로, 거대 금융 그룹과의 경쟁에서 어려움을 겪었던 소규모 단점 은행들의 불만을 받아들여, 은행 지주 회사를 연방준비제도의 감독 하에 두고 추가적인 연방 규제를 시행하였다. 은행 지주 회사는 여러 개 소속 은행들의 지분을 보유한 주식회사 또는 조직으로 정의되었다. 새로운 연방 정부의 감독과 규제 하에서 은행 지주 회사들은 신규 은행들을 인수하고, 새로운 분야의 사업에 참여하는 것이 허용되었다.

J. P. 모건과 같은 대형 투자 은행들은 여러 가지 합리적인 이유를 들어 글래스-스티걸 법안(Glass-Steagall Act)에 강하게 반대하였으나 이 시기의 정치적인 분위기는 이들에게 반론의 여지를 주지 않았다. 1930년대를 통해 거대 금융 자본에 대한 대중적인 적대감은 절정에 달하여, 금융업자들과 관련된 온갖 루머와 음모론이 제기되고 있는 상황이었다. 다음과 같은 한 라디오 방송의 강연 내용은 당시 국민의 반금융자본 정서를 잘 보여 준다.

> 기득권 세력의 수호자로서 J. P. 모건은 유명한 미식축구 선수인 누트 로크니처럼 옆줄에 앉아 있다. 그는 영국 돈을 받은 첩자이고 탈세의 주범이며 금융 범죄의 주도자이다. …모건 가문에는 아버지와 아들이 존재한다. 아버지는 남북전쟁 시기 발사되지 않는 총을 팔아먹었고, 아들은 제1차 세계대전 동안 자금을 지원해 수많은 젊은이들이 전장에서 피 흘리며 쓰러져 가도록 했다. …이제 그대들은 어디에 서 있는가? 루스벨트와 모건 가문 사람들 중에서 선택해야 한다! 월스트리트의 기름기가 번들거리는 협잡꾼과… 뉴딜 가운데 하나를 선택해야 한다.[17)]

17) 찰스 쿠글린 신부가 1933년 11월 19일 행한 라디오 강연. Chernow(1990), 국역판 p. 637에서 재

동시대의 금융 엘리트들이 보기에 정치가들과 일련의 이해 집단은 거대 금융 기관에 대한 적대감을 동원하여 1920년대의 금융 스캔들이나 1930년대의 금융 공황의 원인을 제거하는 것과 직접적으로 관련이 없는 방향의 비합리적인 개혁을 추진하고 있었다. 이들에게 1930년대의 은행법은 경제난으로 인한 대중의 분노를 잠재우면서 월스트리트의 군소 투자 은행과 지방의 소규모 은행들을 대형 은행과의 경쟁으로부터 보호하는 성격의 개혁안으로 비쳐졌다.[18] 론 처노(Ron Chernow)는 이를 다음과 같이 서술하고 있다. "분노한 대중은 불운이나 부실 경영 때문에 무너진 군소 금융 회사가 아니라 대형 금융 회사를 제물로 갈구했다. 미국의 역사를 돌이켜보면, 지역적으로 분할된 영역을 장악한 군소 금융 회사들 때문에 금융 위기가 발생했다. 하지만 이런 사태에 대한 정치적 대응은 늘 금융 회사 영역을 더욱 세분화하는 것이었다. 대중은 대폭락 이후 글래스-스티걸법이 제정되자, 카타르시스를 느낄 수 있었다"(Chernow, 1990: 628).

인용.

18) Ramirez and De Long(2001)은 은행법에 대한 상원의 투표 행태를 분석하여, 금융업자들에 대한 일반인들의 반감과 함께 제조업 부문의 기업이나 국법은행과 같은 이해 집단의 압력이 투표 결과에 영향을 미쳤음을 보였다. 이들의 연구에 따르면 소속 주의 은행 파산의 피해가 크고, 제조업 부문의 비중이 높을수록 상원 의원이 법안에 찬성할 가능성이 높았다. 반면 국법은행의 영향력이 클수록 반대 가능성이 높았다.

VI 20세기 초반 금융 규제의 경제적 평가

은행 산업의 구조와 관련된 1930년대 은행법의 규제는 다음과 같은 세 가지의 이슈와 관련되어 있다. 첫째, 한 금융 기관이 상업 은행과 투자 은행 업무 등 다양한 금융 업무를 수행하는 겸업 은행(universal banking)의 금지, 둘째 주식의 보유, 의결권의 보유, 이사진의 파견 등을 통해 금융 기관과 산업 부문의 기업이 연계되는 연관 은행(relationship banking)의 금지, 셋째 지점 은행(branch banking)의 계속적인 제약 등이다. 여기에서는 대형 금융 회사에게 가장 큰 타격을 주었다고 할 수 있는 겸업과 금융-산업 연관 관계의 금지가 미국 금융 산업에 미친 효과에 논의의 초점을 맞추도록 하겠다. 연방예금보험, 이자율 규제, 통화 정책의 변경, 연방준비제도 조직의 변화 등 1930년대 은행법의 다른 내용들도 모두 이 시기 은행 개혁의 중요한 내용이지만 여기서는 다루지 않기로 한다.[19)]

1. 겸업 금지에 대한 평가

1930년대에 제정된 은행법의 정당성을 평가하는 방법의 하나

19) 지점 설립의 규제는 1930년대 은행법 제정 이전 은행 파산의 위험성을 증가시킨 중요한 요인 가운데 하나였다(Calomiris, 1993; Ramirez, 2003; Mitchener, 2006). 연방예금보험의 설립은 지점 설립 규제 유지가 은행 제도의 안정성에 미쳤을 부정적인 효과를 완화했을 것으로 추정된다. 연방예금보험이 금융 제도의 효율성에 미친 효과 및 그 비용의 배분 문제에 관해서는 Calomiris(2000: ch. 3)를 참고하라.

는 금융 개혁의 추진자들이 새 은행법의 제정을 통해서 제거하려고 했던 미국 은행 제도의 문제점들이 실제로 심각하게 존재했는가를 판단하는 것이다. 전술한 바와 같이 겸업주의와 금융-산업 간 연계에 대한 가장 주된 비판은 이들이 은행 제도의 건전성을 훼손하고 이해의 상충(conflict of interest) 문제를 야기한다는 것이었다.[20] 만약 1933년 이전의 미국의 은행 제도가 실제로는 이러한 문제에 심각하게 직면하지 않았었다면 1930년대 초의 은행법은 근래의 비판자들이 주장하듯이 일부 정치인들의 그릇된 현실 인식과 인민주의적인 정치적 선동이 결합하여 만들어진 실패한 금융 개혁이었을 가능성이 크다.

1930년대 은행법의 입안자들이 제기한 겸업 은행과 연관 은행의 문제점 가운데 하나는 상업 은행의 건전성이 증권 부문 자회사들이 수행한 고위험 영업 행위에 의해 저해될 수 있다는 것이었다. 즉, 은행 그룹에 속한 한 자회사가 어려움에 처하는 경우, 모은행은 그 회사를 위기에서 구하기 위해 자회사로부터 질이 낮은 증권을 사들이거나 그 회사가 판매하는 증권의 구매자에게 대출을 제공함으로써 모은행의 건전성을 훼손시킨다는 것이다. 또 이와 같이 공

20) 겸업 및 연관 은행의 문제점은 그 이외에도 여러 가지가 지적되었다. 그 가운데 대표적인 것만 거론하면 다음과 같다. 첫째, 기업 경영에 대한 금융 기관의 간여는 금융 기관 주도의 카르텔 결성 또는 기업 인수 합병을 가져옴으로써 산업 집중을 촉진할 수 있다. 둘째, 특정 산업의 금융 서비스가 한 금융 기관에 집중되어 독점의 비효율성이 발생할 수 있다. 셋째, 내부자의 이점을 악용하여 과도하게 높은 금융 비용을 부과하고 정보를 독점하여 다른 금융 기관으로 거래처를 옮기는 것을 막을 수 있다. 그러나 겸업 및 연관 은행의 문제점에 대한 이론적 · 실증적 논의는 은행 제도의 건전성과 이해의 상충 두 문제에 집중되어 있다. 겸업 및 연관 은행의 이론적인 장점과 단점은 Fohlin(1999) 및 Calomiris(2000)에 보다 자세하게 정리되어 있다.

개적인 지원을 제공하지 않더라도 자회사가 추천한 증권의 가격이 크게 떨어지는 경우, 은행의 평판도 함께 손상될 수 있었다(Perkins, 1971). 또한 금융-산업 연관의 한 형태로 상업 은행이 기업의 지분을 소유할 경우, 산업 부문의 충격이 쉽게 금융 부문의 건전성을 저해할 수 있다는 점도 지적되었다. 실제로 증시의 붕괴에 따른 증권 부문 자회사들의 추락과 대공황이 산업 부문에 가져온 충격은 모은행 또는 연관 은행들의 파산을 촉발한 원인의 하나로 거론되었다(Wicker, 1996).

그러나 이와 같은 동시대인들의 비판은 실증적인 증거에 의해 지지되지 않는 것으로 나타난다. White(1986)의 연구는 1933년 이전의 시기에 대해 증권 회사와 연관된 상업 은행과 연관되지 않은 은행의 성과를 비교함으로써 겸업주의가 은행 제도의 위험성을 높였다는 주장을 기각하는 증거를 제시하였다. 이 증거들은 다음과 같다. 첫째, 증권 관련 업무를 수행하던 상업 은행의 자산 구성이 순수한 상업 은행의 자산 구성에 비해 더 위험하지 않았다. 둘째, 1933년 이전 겸업 은행의 파산 비율은 순수 상업 은행에 비해 낮았다. 1920년대를 통해 약 5,000개의 은행이 파산했는데 그 대다수는 농촌의 소규모 은행들이었다. 증권 부문에 주로 관여했던 대도시의 대형 은행들은 거의 파산을 경험하지 않았다. 1930년대 초의 은행 위기 동안 전체 국법은행의 약 4분의 1이 문을 닫았는데, 증권 업무를 대규모로 수행하던 국법은행의 파산율은 10%에 불과했다. 셋째, 상업 은행의 수익률과 그 증권 부문 자회사의 수익률 간에 상관관계가 낮았다. 이는 겸업 행위를 위험 기피적인 은행의 다각화 전략으로 이해할 수 있다는 것을 시사한다.

뉴딜 은행 개혁론자들이 겸업주의로 인해 발생한다고 인식한 두 번째 문제는 이해의 상충 문제이다. 예컨대, 어떤 겸업 은행이 대부를 제공한 기업이 외부자들은 인식하지 못하는 곤란에 빠지게 되었을 때, 그 은행은 어려움에 빠진 기업의 주식을 인수하고, 그 주식 발행을 통해 조달한 자금으로 은행 대부를 상환하게 할 유인을 갖게 된다. 상업 은행들은 투자 은행들과는 달리 다수의 예금주들에게 쉽게 접근할 수 있기 때문에, 은행들이 인수하는 증권의 가치를 그릇되게 알림으로써 다수의 투자자들을 속일 유인과 능력을 갖게 된다. 비판자들은 이와 같은 이해의 상충으로 인해 겸업 은행들이 투자자들의 자금을 등급이 낮은 증권에 투자하게 함으로써, 이들에게 많은 손실을 입혔다고 주장하였다.[21]

그러나 근래에 이루어진 일련의 실증적인 연구들은 은행 제도의 결합으로 인해 이해의 상충 문제가 심각했다는 데 대해 의문을 제기한다. 이들 연구는 1920년대 상업 은행의 증권 부문 자회사와 투자 은행이 인수한 채권의 성과와 가격을 비교함으로써 겸업으로 인한 이해의 상충 문제가 얼마나 심각했었는지를 검증하였다. 뉴딜

21) 그 대표적인 경우로 꼽히는 것이 폭스 영화사의 사례이다(Wigmore, 1975). 1929년 Chase National Bank는 General Theaters and Equipment(GTE)가 재정적인 어려움을 겪고 있던 폭스 영화사를 인수하는 데 1,500만 달러의 자금을 대출하였다. 그리고 이듬해 초, 동 은행의 증권 부문 자회사인 Chase Security Company는 5,300만 달러에 달하는 GTE의 증권을 인수하였고, 그 자금의 일부는 은행 대부를 상환하는 데 이용되었다. GTE가 재정적인 곤경에 직면하자 그 회사의 주식과 부채를 보유하고 있던 Chase Security Company는 또다시 3,000만 달러에 상당하는 GTE 주식을 인수했으며, GTE는 2년 후 파산하였다.

은행 개혁론자들이 주장했듯이 상업 은행이 순진한 투자자들로 하여금 낮은 질의 증권에 투자하도록 속이는 데 성공했다면 이들의 증권 자회사들이 인수한 채권은 투자 은행이 인수한 채권보다 더 나쁜 성과를 보였을 것이다. 또 투자자들이 이해의 상충을 합리적으로 예상했다면 상업 은행이 판매한 채권의 가격이 독립된 투자 은행이 판매한 채권의 가격보다 낮았을 것이다. 그런데 Kroszner and Rajan(1994)의 연구는 상업 은행의 증권 부문 자회사가 판매한 채권의 부도율이 투자 은행이 판매한 채권의 부도율보다 낮았으며, 그 차이는 등급이 낮은 채권에 대해 더 컸다는 증거를 제시함으로써 이해의 상충 문제가 심각하지 않았다는 것을 보였다.[22] Puri(1994)의 연구 역시 상업 은행 인수 채권을 보다 엄격한 기준에 따라 정의하고 대공황 직전 시기를 대상으로 수행한 연구를 통해 유사한 결과를 얻었다.[23] 또한 Puri(1996)의 연구에 따르면 1933년 은행법이 제정되기 이전에 투자자들은 투자 은행 인수 증권보다 상업 은행 인수 증권에 더 높은 가격을 지불하고 있었다.[24]

22) Kroszner와 Rajan은 겸업 은행과 독립 투자 은행이 취급한 증권의 성격이 상이할 수 있다는 사실을 고려하기 위해 유사한 채권에 대해 두 기관을 비교하는 "matched-security method"를 사용하였다. 같은 그룹에 속하는 유사한 채권은 다음의 조건을 충족해야 한다. ① Moody's 또는 Poor's의 최초 등급이 동일, ② 발행 시기가 동일(6개월 이내), ③ 상환 기관과 조건이 동일, ④ 비슷한 발행 규모, ⑤ 산업 채권, ⑥ 동일한 전환 조건(Kroszner and Rajan, 1994: 816).

23) Kroszner와 Rajan은 상업 은행이 신디케이트의 구성원으로 채권을 인수한 경우도 상업 은행에 의해 인수된 채권으로 정의한 반면 Puri는 상업 은행이 단독 또는 주인수자인 경우만을 여기에 포함하였다.

24) Gompers and Lerner(1999)의 연구는 1970-80년대의 벤처캐피털 기업의 신규 공모(initial public offerings) 자료를 이용하여 이 문제를 분석하였다. 투자 은행이 이미 벤처 투자자로 참여하고 있는 기업의 주식을 인수하는 경우, 잠재적인 이해의 상충 문제가 발생할 수 있다. 그런데 이들의 연구는 다른 조건이 동일할 경우 벤처 투자자로 참여한 투자 은행이 인수한 공모주가 그렇지 않은 공모주에 비해 더 가격이 높았음을 보여 준다.

겸업 은행이 거래한 증권의 안전성이 더 높았다는 결과는 소위 '합리적 적응 가설'(rational-adaptation thesis)에 의해 설명될 수 있다. 이 가설에 따르면 합리적인 투자자들은 겸업 은행들이 이해의 상충 문제에 노출되어 있을 것으로 의심할 것이고, 따라서 겸업 은행들은 이러한 의심을 불식시키기 위해 노력할 것이다. 이해의 상충에 대한 의심은 겸업 은행이 판매하는 증권의 평가절하(discount)로 나타날 것이고, 이는 특히 지명도가 높은 대규모 은행보다는 평판이 높지 않은 중소 은행에게 심각한 문제일 것이다. 따라서 중소 겸업 은행들은 이와 같은 시장의 평가절하를 피하기 위해 독립적인 투자 은행들에 비해 더 전통이 깊고, 규모가 큰 회사의 안전한 증권을 집중적으로 취급할 것이다. Kroszner와 Rajan의 실증적인 연구 결과는 이 가설을 지지해 준다. 즉, 소규모 인수자들의 경우 겸업 은행의 인수 증권이 독립 투자 은행의 인수 증권에 비해 훨씬 안전했던 데 비해, 대규모 인수자들의 경우에는 이와 같은 차이가 발견되지 않았다.

2. 금융 기관-기업 연관 관계 단절에 대한 평가

겸업 은행과 금융 기관-기업 연관 관계는 부정적인 면들뿐만 아니라 경제적으로 긍정적인 면이 있다는 주장이 널리 받아들여지고 있다. 그 가운데 가장 중요한 것은 범위의 경제를 실현하고 정보 비용을 감소시킴으로써 달성할 수 있는 금융의 효율성 증대이다. 이는 기업의 투자를 촉진하고 산업 발전 및 경제 성장에 긍정적인 효과를 미치는 것으로 평가되었다. 앞에서 지적한 바와 같이 겸업 및 연관 은행 제도의 부정적인 효과가 실제로 크지 않았다면 20세기 초의 규제를 통한 이 제도의 인위적인 파괴는 그 긍정적인 효과를 제거함으로써 경제적인 비용을 야기했을 것이다.

불완전한 자본 시장에 관한 연구 문헌들에 따르면 정보의 비대칭성과 도덕적 해이 문제는 장기적 투자를 위한 외부 자금을 동원하는 비용을 높이는 요인으로 작용한다. 이러한 상황에서 이사의 겸직이나 지분의 소유 등을 통한 은행과 기업의 연계(affiliation)는 금융 기관의 감독 비용을 낮추고 기업의 주주와 경영인 사이에 발생하는 유인 문제를 부분적으로나마 해결함으로써 자본 시장의 효율성을 제고할 수 있다. 그동안 축적된 이론적 연구들에 따르면 금융 기관과의 연관 관계를 가진 기업은 장기 투자 자본을 조달하는 데 있어서 그 비용을 낮출 수 있다(Stiglitz and Weiss, 1981; Diamond, 1984; Fazzari, Hubbard, and Petersen, 1988; Webb, 1991; Rajan, 1992). 기업의 유동성이 투자에 미친 효과를 분석한 실증 연구들은 외부 자금 조달에 애로가 있는 기업들이 유동성 부족에 직면하는 경우 이에 더욱 민감하게 반응하여 투자를 줄인다는 것을 발견했다(Fazzari, Hubbard, and Petersen, 1988; Hoshi, Kashyap, and Scharfstein, 1991).

겸업의 허용은 금융 기관이 기업과 장기적인 거래 관계를 유지하는 것을 가능하게 하여 정보 및 거래 비용을 감소시킬 수 있는 것으로 지적되었다. 기업은 성숙해지면서 시장에서의 지명도가 높아지게 되며, 이러한 변화에 발맞추어 자본 동원의 수단을 변경한다.

즉, 초기에는 유보 이윤이나 내부자의 자금과 같이 사적인 수단을 이용하다가 점차 은행을 통한 대부, 채권의 발행, 주식 발행 순으로 보다 공적인 자본 동원 수단을 이용하게 된다. 겸업 은행의 장점 가운데 하나는 동일한 금융 기관이 성장 단계에 따라 달라지는 기업의 필요를 충족시켜 줄 수 있다는 것이다. 이러한 장점으로 인해 겸업 은행은 기업과의 거래 관계를 장기적으로 지속할 수 있고, 이를 기초로 해서 정보 비용을 줄일 수 있다. 특히, 장기적인 관계로부터 기대되는 이익은 은행으로 하여금 초기 단계에 있는 기업의 높은 금융 비용을 낮출 수 있게 한다. 이러한 점은 특히 전망이 좋은 동시에 위험이 높은 신산업의 성장을 촉진하는 데 유리한 것으로 평가된다. 그런데 이와 같은 금융 비용의 시간적인 재배분이 이루어지기 위해서는 이해의 시간적인 불일치(time-inconsistency) 문제가 해결되어야 한다. 은행이 이사의 파견을 통해 기업의 의사결정에 참여하거나 기업의 지분을 보유함으로써 형성되는 연관 관계는 이 문제를 해결함으로써 겸업주의의 장점을 증폭시킨다(Calomiris, 2000: ch. 4).[25)]

다른 한편, 겸업의 허용은 금융 기관으로 하여금 다각화를 통하여 위험을 낮추도록 하고 또한 범위의 경제(economies of scope)를 실현함으로써 금융 비용을 낮추도록 할 수 있다. 업무 다각화를 통한

25) De Long(1991)의 연구는 20세기 초 겸임 이사 등을 통해 J. P. Morgan과 연관되어 있던 기업들은 그렇지 않은 기업들에 비해 보통주의 가치가 30%나 높았다. 이는 대규모 투자 은행이 자신의 평판을 통해 연관 기업과 투자자 사이의 정보상의 비대칭성 문제를 해결해 준 결과로 해석된다.

위험의 감소는 지리적인 다각화가 불가능한 미국 은행 제도의 현실에서 은행 파산의 위험을 낮추는 데 큰 역할을 할 수 있다. 글래스-스티걸법 이전 증권 부문 자회사를 거느린 상업 은행의 파산 가능성이 독립적인 상업 은행의 파산 가능성보다 낮았다는 White(1986)의 연구 결과는 부분적으로 다각화의 효과에 기인하는 것으로 보인다. 금융의 한 부문에서 축적된 은행의 평판은 다른 분야에도 파급되어 추가적으로 정보 비용을 낮출 수 있다. 또한 겸업의 허용은 투자자로 하여금 한 금융 기관 내에서 자산 구성을 다각화할 수 있게 함으로써 거래 비용을 줄일 수 있다.[26)]

앞에서 언급했듯이 1933년의 은행법은 은행과 증권 회사 간의 이사, 임원, 직원의 겸임을 포함한 연관 관계를 단절시키고 상업 은행의 투자 은행 업무 겸업을 금지하였다. 위에서 소개한 문헌의 결과를 고려하건대 인위적인 금융-산업 관계의 단절과 다각화의 파괴는 정보의 비대칭성을 심화시키고 금융 비용을 높임으로써 기업들의 유동성 제약을 악화시켰을 가능성이 크다. Carlos Ramirez의 일련의 연구는 이러한 비용이 실제로 존재했음을 실증적으로 확인해준다. Ramirez(1995)는 J. P. 모건과 연계된 기업은 그렇지 않은 기업에 비해 기업의 투자가 기업 내부의 유동성 지표에 덜 민감하게 반응했음을 발견했다. Ramirez(1999)는 더 나아가 금융 기관과의 연관

26) 이 밖에 지적되는 겸업 및 연관 은행의 장점은 다음과 같다. ① 기업에 대한 효과적인 감시를 통해 정보상의 비대칭성을 극복함으로써 저당을 불필요하게 하는 등 금융 비용을 낮춘다, ② 경영진의 실패와 외부적인 충격의 효과를 구분하여 불필요한 기업 인수를 줄인다, ③ 기업 주식에 대한 시장을 확대하여 주식 발행의 비용을 낮춘다(Fohlin, 1999; Calomiris, 2000).

관계가 기업의 투자 행태에 미친 효과가 1933년 은행법 이후 어떻게 변화했는가를 분석하였다. 이 연구 결과에 따르면 1933년 이전에는 금융 기관과 연관된 기업의 투자가 기업 내부의 유동성 지표에 의해 영향을 받지 않았던 반면, 연관되지 않은 기업들의 투자는 내부 유동성의 지표와 강한 양(+)의 관계를 나타냈다.[27] 그런데 1933년 은행법 이후에는 금융 기관과 제휴된 기업과 그렇지 않은 기업 모두 내부 유동성이 투자에 강한 양(+)의 효과를 미치는 것으로 나타났다. 이 결과는 1930년 이전에는 금융 기관과의 연관 관계가 기업의 유동성 제약을 완화시켰는데, 글래스-스티걸법의 제정으로 인해 이 관계가 단절되었다는 것을 시사한다. Ramirez(2002)는 1920년대 말 증권 부문 자회사를 보유한 상업 은행의 시장 가치가 그렇지 않은 상업 은행의 시장 가치보다 4-7% 높았으며, 그중 상당 부분은 범위의 경제의 실현으로부터 얻어졌다고 보았다. 이는 1930년대 은행법에 의한 겸업의 금지가 다각화의 파괴를 통해 상업 은행의 가치를 낮추었을 것임을 시사한다.

이상의 결과들은 뉴딜 금융 개혁이 "잘 운영되고 있는 금융 제도를 파괴하여, 은행 산업에 대해 비효율적인 비용을 부과하고 금융 제도에 악영향을 미쳤다"(Ramirez, 1999: 393)는 견해를 지지한다. 그러면 왜 경제적인 비효율성을 야기하는 금융 개혁이 이루어졌을까? 앞에서 자세하게 살펴보았듯이 그 중요한 이유 가운데 하나는

27) 상업 은행, 투자 회사(trust company), 보험 회사, 투자 은행 등 금융 기관의 이사가 해당 기업의 이사직을 겸직하고 있는 경우 금융 기관과 제휴 관계가 있는 것으로 정의되었다.

금융 개혁이 상당 부분 정치적 · 이념적인 동기에 의해 추진되었기 때문이었다. 그리고 대공황기에 특히 강하게 표출된 거대 금융 자본에 대한 뿌리 깊은 반감은 이러한 방향의 금융 개혁이 추진될 수 있었던 중요한 배경이자 동력이었다.

VII 20세기 후반 반기업 정서의 퇴조와 은행 규제의 완화

앞의 절을 통해 살펴보았듯이 크고 강한 금융 기관에 대한 미국 대중의 반감은 19세기 말과 20세기 초를 통해 은행을 비롯한 금융 기관에 대한 강력한 규제로 표출되었으며, 이는 1930년대 금융 개혁에 이르러 그 절정에 달하였다. 그 결과 20세기 중엽까지 미국의 은행들은 파편화되었고, 이들의 업무 영역과 경쟁 수단은 크게 제약되었다. 쪼그라들고 손발이 묶인 은행은 더 이상 대중이 혐오하거나 두려워할 만한 대상이 되지 못했다.

그러나 20세기 후반에 들어와 이러한 사정은 점차 변화하게 된다. 이 시기에 대해서는 대규모 금융 기관에 대한 대중 또는 정치권의 반감을 직접적으로 보여 주는 문헌을 발견하기 어렵다. 그런데 20세기 초반까지의 역사는 금융 기관의 구조 및 영업 행위와 관련된 의회의 입법과 정부의 규제는 경제적인 필요성보다는 유권자들의 견해와 감정을 강하게 반영하여 정치적으로 결정되었다는 것을 보여 준다. 따라서 20세기 후반의 금융 기관에 대한 법과 공공 정책의 변화를 살펴봄으로써 금융 부문에 있어서의 반기업 정서의 변화 과정을 간접적으로 살펴볼 수 있을 것이다. 이 절에서는 미국 상업 은행의 업무 영역과 합병에 관한 규제의 변화 과정에 그 초점을 맞추기로 하겠다.[28)]

1950년대와 1960년대를 통해 미국 은행들은 1930년대 은행법의 규제를 회피하여 대대적인 구조 조정과 은행 간의 합병에 돌입하였다. 특히, 지점의 설치와 비은행 업무 수행에 대한 규제를 피하는 수단으로 은행 지주 회사의 설립이 이루어졌다. 정치권은 이러한 금융 기관의 행위에 대응하여 은행 산업의 경쟁 저해를 막기 위한 조치로 1956년의 은행지주회사법(Bank Holding Company Act)과 1960년의 은행합병법(Bank Merger Act)을 제정하였다. 은행지주회사법은 한 개 이상의 은행 자회사를 소유한 은행 지주 회사의 설립을 규제하고 은행 지주 회사의 비은행 업무를 제한하였다. 은행합병법은 연방정부의 은행 감독 기관으로 하여금 은행 간 합병을 허가함에 있어서 이로 인한 경쟁 저해 효과를 고려하도록 요구하였다. 1963년 대법원의 Philadelphia National Bank(PNB) 판결은 이와 같은 은행 산업에 대한 반독점법의 적용을 확인하였다.

1966년의 은행합병 및 은행지주회사법(Bank Merger and Bank Holding Company Act)은 이러한 은행 간 합병에 대한 공공 정책을 보

28) 이하에 제시된 은행의 합병에 대한 미국 공공 정책의 변화는 많은 부분 Dymski(1999)의 연구를 참고하였다.

다 구체화하였다. 이 법은 은행 규제 당국으로 하여금 고객들의 편의를 증가시키는 효과가 경쟁을 저해하는 효과를 확실하게 압도하지 않는 한 경쟁을 저해할 수 있는 은행 간 합병을 허용하지 말아야 한다고 요구하였다. 이 법안은 또한 은행 합병에 대해 두 단계의 절차를 마련하였다. 우선 연방준비제도가 은행 합병 신청을 허용할 것인지 또는 기각할 것인지를 결정하도록 하고, 다음 단계로 법무부로 하여금 연방준비제도의 결정이 미국 반독점법에 합치되는지를 심사하도록 하였다.

1968년 채택된 법무부의 합병 심사 기준은 시장의 집중이 초과이윤을 증가시키고 가격을 상승시키며 생산의 감소를 가져온다는 당시의 일반적인 상식에 기초하고 있었다. 이에 따라서 특정 지역 시장 집중도의 지표들이 심사의 중요한 근거로 이용되었다. 예컨대, 특정 은행이 서비스를 제공하는 시장의 영역에서 시장 점유율을 8% 이상으로 높이는 합병은 거부될 수 있었다. 법원은 이후 일련의 판결을 통해 은행의 시장 영역 정의와 은행 지주 회사의 업무에 대한 법무부의 가이드라인을 지지하였다.

1970년에 통과된 1956년 은행지주회사법의 개정안(Bank Holding Company Amendments)은 은행의 독점력을 제한하고자 하는 정부의 강력한 의지를 반영하였다. 1956년의 법은 단일한 은행을 보유한 은행 지주 회사의 자회사에 대해서는 업무 영역상의 규제를 가하지 않았다. 이러한 규제상의 허점은 1960년대를 통해 많은 대규모 은행들이 단일 은행 지주 회사를 설립하는 결과를 가져왔다. 이에 대응한 1970년의 법 개정은 비은행 업무에 대한 규제를 다수의 은행을 거느린 지주 회사뿐만 아니라 모든 은행 지주 회사에 확대하여 적용하였다. 그리고 이 법 개정은 금융 지주 회사의 보험 업무를 제한하였다.

이와 같이 1970년경까지 금융 규제 당국은 1930년대 은행법의 기본적인 정신을 고수하여 금융 부문의 건전성을 유지하고 은행 간의 경쟁 저해를 방지하고자 노력하였다. 은행들은 기존의 규제를 회피하면서 은행의 경쟁력을 높일 수 있는 혁신을 도모하였고, 규제 당국은 다시 이를 규제하기 위해 법을 개정하는 과정이 되풀이되었다. 이러한 규제 및 사법적인 분위기로 인해 1980년에 이르기까지 은행 간의 합병은 매우 드물게 허가되었다.

1960년대에 이르게 되자 대내외적인 시장 상황의 변화로 인해 1930년대의 은행법에 의한 규제의 문제점들이 드러나기 시작했으며, 이는 정부로 하여금 은행 규제를 완화해야 한다는 필요성을 인식하게 하였다. 먼저 은행의 자금 조달에 매우 심각한 애로가 발생하게 되었다. 1950년대를 통해서 상업 은행들은 예금 또는 차입금을 대출하여 얻은 예대 마진을 중심으로 은행 구조와 업무 영역에 대한 강한 규제에도 불구하고 비교적 좋은 영업 실적을 올릴 수 있었다. 그러나 1960년대에 이르러 통화 시장의 이자율이 최대 수신 이자율 이상으로 올라가는 일이 발생하게 되었고, 상업 은행들은 예금이나 차입금을 통해 자금을 조달하기 어렵게 되었다. 이러한 상황에서 은행들은 이자율 상한에 대한 규제를 회피하기 위해 1961년부터 양도성 예금증서(CD)를 발행하기 시작했다. 이후 10년 동안 연방준비제도는 은행이 기존의 규제를 회피하여 자금을 동원하는 행위를 제한하려고 노력하는 한편, 은행은 이러한 규제를 회피하여 자금을 동원하는 금융 혁신을 도모하는 과정이 진행되었다. 1970년 5월 Penn Central의 파산이 도화선이 된 금융 위기가 발생하자 연방준비제도는 한 발 후퇴할 수밖에 없었고, 대형 은행들은 여신과 새롭게 부상한 유로 시장(Euromarkets)으로부터 자유롭게 자금을 동원할 수 있게 되었다.

1970년대의 미국을 비롯한 세계 여러 나라의 거시경제적 여건 악화는 은행의 어려움을 가중시켰다. 1971년 브레튼우즈(Bretton Woods) 체제의 붕괴로 인한 고정환율 제도의 포기와 이후 일어난 두 차례의 석유 파동은 잦은 평가절하와 인플레이션을 가져왔다. 이러한 상황 하에서 명목이자율은 유래 없이 높은 수준으로 상승하였다. 이와 같은 고금리 하에서 상업 은행들은 대내외의 경쟁에 직면하여 예금을 통한 자금 동원의 기반을 상실하게 되었다. 대외적으로는 석유 수출국들의 잉여 자금을 기반으로 유로 시장이 크게 성장하여 국제적인 경쟁을 주도하였다. 대내적으로는 통화 시장 뮤추얼 펀드가 형성되어 고소득자 및 중산층에 대해 은행 예금을 대체할 수 있는 투자 기회를 제공하였다. 또한 회사채 및 상업 어음 시장의 설립은 은행 대출의 주된 고객이던 우량 기업들로 하여금 직접적인 신용 시장에서 자본을 동원할 수 있게 하였다.

이와 같은 시장의 변화로 인해 상업 은행들은 저축 및 투자 과정에 있어서의 독점적인 지위를 상실하였다. 그리고 주택담보대출이나 기타 장기 대출과 같이 은행에 남아 있는 대출은 은행에 손실을 안겨 주었다. 은행들은 기존의 주된 여신 고객을 상실하였고, 이들을 대체할 수 있는 새로운 시장의 개척을 위해 노력하였다. 특히, 대규모 은행들은 1970년대 후반과 1980년대 초반을 통해 라틴 아메리카의 저개발 국가들과 미국 남부의 석유 개발 지역 시장 확보에 주력하였다. Citibank와 Bank of America는 멕시코와 남미 국가에 대한 대출액에 있어서 수위를 다투었고, 많은 다른 은행들도 이 전략을 따랐다. 이 시기를 통해 전국 각지의 은행들이 금융 중심지에 조직된 대출 신디케이트를 통해 해외 대출에 참여하였다.[29)]

1970년대를 통한 거시경제적 여건과 대내외 금융 환경의 변화는 싸게 꾸어서 비싸게 대출하는 은행의 전통적인 영업 방식을 심각한 위기에 빠뜨렸고, 은행 제도를 살리기 위해서는 그동안 은행의 손발을 묶어 왔던 여러 가지 규제를 완화하는 것이 불가피해졌다. 그 신호탄으로 1980년 수신 기관 규제 완화 및 통화 관리에 관한 법(The Depository Institution Deregulation and Monetary Control Act)이 통과되었다. 이 법안은 상업 은행 및 저축 은행들로 하여금 비은행 금융 기관과 경쟁할 수 있도록 더 많은 자유를 부여했고 한시적으로 수신 금리 상한을 철폐하였다. 1982년의 간-세인트 저메인법(Garn-St

29) 남미에 진출한 미국 은행들은 1982년의 멕시코 채무 불이행과 원유를 비롯한 각종 원자재 가격의 하락에 의해 큰 위기에 봉착했다. 이로 말미암아 막대한 부실 채권이 발생하였고, Continental Illinois를 비롯한 여러 개의 대형 은행들이 파산하였으며, 라틴 아메리카 진출의 선두 주자였던 Citibank와 Bank of America가 거의 파산 직전까지 가게 되었다.

Germain Act)은 특히 저축 은행의 규제 완화에 초점을 맞추었다. 이러한 연방 정부의 규제 완화는 주정부의 규제 완화를 촉발하였다. 그 결과로 상업 은행과 저축 은행은 대출의 제공, 펀드의 매입, 예금의 유치, 금융 시장에서의 구매와 판매 등에 있어서 운신의 폭을 넓힐 수 있었다. 그리고 일부 주에서는 상업 은행이 투자 은행 업무에 참여하는 것이 허용되기도 했다.

다른 한편, 연방준비제도는 1982년과 1984년 은행 합병의 가이드라인을 수정하였다. 이는 다음과 같은 금융 환경의 변화를 반영한 것이었다. 첫째, 1980년과 1982년의 법안에 의해 은행의 업무 영역 및 시장 경쟁 범위가 확대됨에 따라 은행 감독 당국으로 하여금 은행 간의 적절한 경쟁의 기준이 무엇인지를 재고할 수밖에 없었다. 둘째, 은행 간 인수 합병은 은행 위기로 인해 재정적으로 취약해진 예금보험기금(deposit insurance funds)이 파산에 직면한 은행들을 처리할 수 있는 방안의 하나였다. 1982년의 은행 합병 가이드라인은 합병을 용인할 수 있는 기준으로 매우 높은 수준의 허핀달-허쉬만 지수(Herfindahl-Hirschman Index: HHI)를 제시하였다.[30] 1984년의 합병 지침은 합병으로 인한 효율성의 증가를 고려하도록 했으며, 은행 시장(banking market)의 개념도 과거보다는 훨씬 느슨하게 정의하였다. 예컨대, 저축 은행의 예금을 상업 은행 예금의 50%로 간주함으로써 기존의 지침을 적용하는 경우에 비해 집중도를 낮추는 효과

30) 이 지침 하에서 합병 이후의 HHI가 1,000 이하면 그 은행 시장은 집중되지 않은 것으로 간주되었고, HHI가 1,800을 넘어야 심하게 집중된 것으로 판정되었다.

를 가져왔다.

경제 이론의 변화도 은행 합병에 대한 정부 규제의 완화에 영향을 미쳤던 것으로 평가된다. 소위 "new learning"이라고 불리는 시카고학파 중심의 수정적인 견해는 독점이 초과 이윤과 소비자 후생의 감소를 가져온다는 기존의 통념을 비판하였다. 이 견해에 따르면 독점은 매우 효율적인 기업이 경쟁자들을 완전하게 몰아낸 결과로 출현할 수 있기 때문에, 한 시점에 있어서 경쟁 기업의 수는 시장 경쟁의 정도를 정확하게 보여 주는 척도가 아니었다. 또한 이 이론은 새로운 경쟁자의 시장 진입이 보장되는 한 기업의 수와 관계없이 실질적인 경쟁이 유지될 수 있다고 주장하였다(Demsetz, 1974; Baumol, Panzar, and Willig, 1982; Landes and Posner, 1981). 이와 같은 산업 집중에 대한 새로운 경제학적 이론은 1980년대 레이건 대통령 집권기를 통해 그 영향력을 확대하였다. 그리고 이 이론은 1992년 법무부가 공표한 수평적 합병 지침(Horizontal Merger Guidelines)에 반영되었다. 그 결과, 반독점 시장을 정의하는 데 있어서 현재의 시장 참여자들뿐만 아니라 잠재적인 진입자도 포함하였다.

합병에 관한 규제의 완화와 함께 지점 설치에 대한 오랜 규제도 완화되었다. 1980년대를 통해서 각 주는 은행의 타주 영업(interstate banking)을 완화하였다. 그리고 1994년의 리글-닐 주간은행법(Riegle-Neal Interstate Banking Act)은 은행들로 하여금 지점의 설치를 통해 다른 주로 영업을 확대하는 것을 매우 용이하게 만들었다. 이에 따라 지점의 설치는 합병과 함께 은행 규모 확대의 주요 수단이 되었다.

각 주의 타주 영업에 대한 규정은 서로 달랐다. 어떤 주는 다른 주에 본사를 둔 은행 지주 회사가 지점을 설치하는 것을 허용하였고, 다른 주들은 인접한 주에 본사를 둔 은행 지주 회사로 하여금 호혜성의 원칙 하에 지점 설치를 허용하였으며, 일부 주들은 아예 타주 은행의 직접적인 지점 설치를 허용하기도 했다. 따라서 대형 은행들의 규모 확대 수단은 그 은행이 위치한 주와 그 은행이 영업을 확대하고자 하는 주의 규정에 따라 달라졌다.

1930년대 글래스-스티걸법의 핵심적인 내용이라고 할 수 있는 상업 은행과 투자 은행의 분리도 연이은 규제 완화의 과정에서 서서히 약화되었다. 1970년 이후 연방준비제도는 기존 법의 개정(Regulation Y Amendments)과 새로운 자체 규정을 통해 은행 지주 회사의 투자 자문 업무 및 증권 자회사 설립을 허용하고, 증권 자회사의 허용된 업무 영역을 확대하였다. 이에 따라 1990년대 후반에 이르러서는 이미 글래스-스티걸법이 유명무실하게 되었고, 투자 은행, 상업 은행, 보험업을 아우르는 금융 기관의 대형 합병이 발생하게 되었다. 그 대표적인 사례는 1998년 상업 은행인 Citibank와 투자 은행 Saloman Smith Barney를 거느린 보험 회사인 Travelers가 합병하여 Citigroup을 탄생시킨 것이다.[31] 결국은 1999년 11월에 상업 은행, 투자 은행, 보험 회사 업무의 완전한 겸업이 허용됨으로써 글래스-스티걸법은 66년 만에 공식적으로 철폐되었다.

---

31) Citigroup 합병은 Travelers의 보험 수익이 이 회사 전체 수익의 4분의 1 이하라는 점 때문에 기존의 규제를 피할 수 있었다(*Economist*, 1999).

VIII 요약과 시사점

이 글은 미국의 거대 금융 회사에 대한 적대적인 정서와 부분적으로 이를 반영하여 형성된 금융 규제가 장기적으로 어떻게 변화해 왔는지를 살펴보았다. 대기업이나 대규모 금융 회사와 같은 거대 기관에 대한 미국 대중의 반감은 매우 오랜 역사적 기원을 가지고 있으며, 이것이 미국에서 특히 강하게 나타난 것은 미국 고유의 정치적 · 사회적 · 문화적인 특성에 기인한 바 크다. 특히, 거대 금융 회사에 대한 적대감은 일반적인 대기업에 대한 반감보다 더 강하게 나타났다. 이는 금융 기관이 타인의 돈을 이용하여 대기업들을 포함한 미국 경제 전반과 더 나아가 정치까지도 좌지우지하고 있다는 인식에서 비롯된 것이다.

19세기 말과 20세기 초를 통하여 J. P. 모건과 같은 거대 금융 회사들은 다른 금융 기관들과 일반 기업들에 대한 지배력과 국내외의 정 · 관계에 구축한 인맥을 기반으로 미국 경제에 막강한 영향력을 행사하였다. 이들의 경제적 권력이 비대해지면서 일반 국민과 정치권이 대형 금융 회사와 금융업자들에 대해 지닌 반감이 강화되었다. 이와 같은 정서적인 적대감을 지닌 이해 집단은 정치적으로 잘 대변되어 거대 금융 회사에 대한 정치적인 공세와 강력한 규제로 표출되었다. 이 시기에 나타난 금융 산업에 대한 규제는 외면상 경제적 논리와 공익의 향상이라는 대의를 표방하였으나 많은 경우 정치적인 동기와 목표를 가지고 추진되었다.

거대 금융 회사에 대한 대중적인 반감과 정부 규제의 강도는 19세기를 통해 점차 강화되어 오다가 제1차 세계대전 시기와 1920년대의 호황기를 통해 잠시 완화되었다. 이 기간 동안 상업 은행들은 기존의 규제를 회피하면서 규모를 확대하고 업무 영역을 다각화하였다. 1930년대의 대공황은 미국의 반금융자본 정서를 다시 강화시키는 계기가 되었다. 거대 금융 회사와 금융업자들은 1930년대 초의 금융 위기를 초래한 범죄 집단으로 취급되었고, 이들에 대한 정치적인 공격은 1930년대의 뉴딜 은행 개혁으로 이어졌다.

흔히 글래스-스티걸법으로 불리는 1930년대의 은행법에 의해 연방예금보험공사가 설립되었고, 투자 은행과 상업 은행의 분리가 강제되었으며, 금융 회사와 일반 기업 간의 연관 관계가 금지되었다. 또한 이 법에 의해 연방준비제도 조직이 개편되었고 은행의 금리가 규제되었다. 뉴딜 금융 개혁은 금융 시장의 안정성과 투명성을 높여서 투자자와 예금자를 보호하는 것을 목적으로 한 것이었으나 다른 한편으로 거대 금융 회사의 영향력을 크게 축소시키는 내용을 포함하고 있었다. 근래의 실증적인 연구들에 따르면 이 시기에 이루어진 금융 관련 규제는 미국 금융 부문의 효율성과 산업의 경쟁력에 부정적인 영향을 미쳤던 것으로 평가된다. 이러한 결과가 초래된 중요한 이유 가운데 하나는 반금융자본 정서를 등에 업은 정치적 · 이념적인 동기에 의해 금융 규제의 방향과 내용이 결정되었다는 것이다.

금융 산업의 집중을 막아 시장 경쟁을 제고하려는 금융 규제의 기조는 1970년경까지 큰 변화 없이 유지되었다. 그러나 그 가운데서도 금융 기관들이 규제를 회피하며 시장에 제공하는 기회에 대응하기 위해 다양한 금융 혁신을 시도하였다. 1970년 이후 발생한 대내외적인 거시경제적 여건의 악화와 국제 금융 시장에서 나타난 경쟁의 심화는 미국의 은행들에게 심각한 타격을 주었다. 당국은 이에 대처하기 위해 인수 합병과 업무 영역 등에 대한 규제를 완화하기 시작했다. 1990년대 말에 이르러서는 1930년대에 형성된 금융 규제의 대부분이 철폐되거나 무력화되기에 이른다.

이상에서 살펴본 미국 금융 규제의 역사는 반기업 정서의 결정 요인이나 그것의 경제적인 영향에 대해 어떤 시사점을 제공하는가? 우선은 이러한 시사점을 이끌어 내는 데 매우 큰 무리가 따른다는 것을 지적해야 하겠다. 우선 반기업 또는 반금융자본 정서의 강도를 정확하게 측정할 수 있는 지표가 존재하지 않는다. 거대 금융 회사에 대한 언론의 반응이나 이들을 둘러싼 정치적인 공세와 같은 정황 증거를 가지고는 반기업 정서가 장기적으로 어떻게 변해 왔는지를 정확하게 알기 어렵다. 그리고 반금융자본 정서가 금융 규제의 방향과 구체적인 내용에 적지 않은 영향을 미쳤다는 이 글의 주장이 사실이라 하더라도, 금융 규제의 장기적인 변화에 기초하여 반기업 정서의 변화를 파악하는 데는 무리가 있다. 왜냐하면 금융 규제가 매우 복잡한 요인들의 상호작용에 의해 결정되기 때문이다. 그리고 설사 금융 규제의 변화 패턴을 통해 반기업 정서의 강도를 정확하게 알 수 있다 하더라도 일회적인 역사적 사건을 얼마나 일반화할 수 있을지도 의문이다. 따라서 이하에 제시하는 설명은 매우 강한 추론에 기초한다는 것을 밝혀 둔다.

이상에서 설명한 여러 가지 한계에도 불구하고 이 글의 내용을 일반화하여 몇 가지 시사점을 제시하면 다음과 같다. 첫째, 반기업 정서의 보다 근본적인 결정 요인은 역사적으로 형성된 한 사회의 이데올로기적 성향이라고 생각된다. 그리고 이러한 이념적인 성향은 이 사회의 문화적 · 종교적인 성격을 반영한다. 미국에서 거대기업에 대한 반감이 유독 심했던 이유로 독점 대기업이 짧은 기간 동안 매우 빠르게 성장했다는 특징이 지적되기도 한다. 그러나 미국에 있어서 거대한 기관에 힘이 집중되는 데 대한 거부감의 기원은 산업화 이전의 시기로 거슬러 올라간다. 이는 사회 정의나 공공정책에 대한 태도가 종교적 성향의 변화에 의해 큰 영향을 받았다는 연구 결과와 부합된다. Fogel(2000)의 연구에 따르면 19세기 말과 20세기 초의 반기업 정서 고조와 반독점 규제의 강화는 공공선과 사회악에 대한 집단적인 대응을 강조하는 '제3차 대각성 운동'(The Third Great Awakening Movement)이라는 종교적인 변혁 운동의 결과였다. 그리고 20세기 후반의 정치적 보수화와 탈규제의 움직임은 개인의 책임과 성화를 중요하게 생각하는 '제4차 대각성 운동'(The Fourth Great Awakening Movement)의 영향을 받은 것이다.

둘째, 반기업 정서는 정치적인 과정을 거치며 기업 또는 금융기관에 대한 각종 규제로 표출되지만, 반대로 기업을 공격하기 위한 정치인들의 의도에 의해 이용되는 측면이 있다. 1930년대 미국 은행법의 제정 과정이 좋은 예이다. 1930년대 은행 위기의 주된 원인은 연방준비제도의 구조적 문제점이었지만 이 기관을 처음 설립하는 데 주도적인 역할을 했던 글래스 의원은 자신이 창설한 '완벽한' 기관을 비난하기 싫어했다는 주장이 있다(*Economist*, 1999). 이는 그로 하여금 여론을 부추겨 거대 금융 기관들을 1930년대 초 금융 위기의 주범으로 몰고자 했던 유인의 하나였던 것으로 보인다. 그리고 1920년대 월스트리트의 금융 스캔들은 대부분 소매 금융을 담당하던 중소 은행에서 불거져 나온 것이었으나 뉴딜 금융 개혁가들은 이를 대형 금융 기관을 공격하는 데 이용했던 것을 볼 수 있다.

셋째, 반기업 정서를 등에 업고 추진된 공공 정책은 경제적인 효율성을 저해하는 결과를 가져올 가능성이 크다. 이러한 정책들은 경제적인 타당성과 공익의 증진이라는 명분에 의해 포장되어 있지만 대체로 정치적인 의도에 의해 추진되기 때문이다. 예컨대, 20세기 초를 통해 이루어진 금융 기관에 대한 각종 규제는 미국 금융업의 경쟁력을 크게 떨어뜨리는 결과를 가져왔다. 특히, 투자 은행과 상업 은행의 분리는 실물 경제의 성장을 저해한 요인으로 지적된다.

넷째, 반기업 정서는 기업 또는 금융 기관이 커지고 강력한 영향력을 발휘하는 시점에서 고조되고, 이들이 정부 규제나 경제적 여건의 악화로 인해 왜소해지고 영향력을 상실할 때 약화되는 경향이 있다. 19세기 말과 20세기 초를 통해 가장 강력했던 금융 기관은 여론의 비난과 정부 규제의 주된 타깃이 되었다. 20세기 초에는 투자 은행과 생명보험 회사가 그 대상이었고, 1930년대에는 이들과 더불어 그 이전 10년 동안 크게 성장한 대형 겸업 은행들이 그 대상이 되었다. 반면 1970년 이후 은행권이 위기에 봉착하게 되자 이들을 구하기 위한 규제 완화가 이루어졌다.

다섯째, 경제적인 위기가 반기업 정서에 미치는 효과는 위기의 피해자가 누군가에 따라 달라질 수 있다. 즉, 기업과 금융 기관의 고객이 피해자인 경우에는 금융 기관의 피해 여부에 관계없이 반기업 정서가 악화될 수 있다. 기업에 대한 적대감은 위기에 대한 책임을 질 희생양이 필요한 정치권과의 상호작용을 통해 증폭될 수 있다. 1930년대 미국의 상황이 이를 잘 보여 준다. 반면 기업이나 금융 기관이 경제적 위기의 피해자로 부각되는 경우 반기업 정서는 약화된다. 1970년 이후 미국 은행의 상황이 그 예로 제시될 수 있다.

끝으로, 바로 앞에 제시된 시사점과 관련되는 점은 자국의 금융 기관 또는 기업이 피해자로 부각되는 대표적인 사례가 세계화의 영향이라는 것이다. 세계화는 자국 기업 또는 금융 기관이 아닌 다른 국가의 기업 또는 노동자의 위협을 부각시킴으로써 전통적인 의미에 있어서의 반기업 정서를 약화시킬 가능성이 크다. 1970년 이후 미국 은행의 영업 여건을 악화시키고 규제 완화의 필요성을 가져온 것은 거시경제적인 여건 변화와 함께 금융 시장의 국제화와 유로 시장의 경쟁 압력이었다. 이러한 사례는 오늘날 우리나라에서도 발견된다. 국내 시장 점유율의 증가를 가져오는 금융 기관의 합병을 정당화하는 중요한 논리의 하나는 국제 시장에서의 경쟁력 확보이다. 외국 자본에 맞서기 위해 재벌에 대한 규제를 줄이고 경영권 방어를 용이하게 해야 한다는 주장도 그 연장선상에 있다고 하겠다.

참고문헌

이철희,「19세기 말-20세기 초 미국 자본 시장의 성격이 산업집중에 미친 영향에 관한 연구」,『경제사학』, 14호, 1990.

______,「미국 기업구조의 장기적 변모: 기업 및 산업경쟁력에 대한 함의」,『경제논집』, 42호, 2003, pp. 119-164.

Baskin, J. B. and P. J. Miranti, Jr., *A History of Corporate Finance*, Cambridge, 1997.

Baumol, William, John C. Panzar, and Robert D. Willig, *Contestable Markets and the Theory of Industrial Structure*, New York: Harcourt Brace Jovanovich, 1982.

Benston, George J., *The Separation of Commercial and Investment Banking: The Glass-Steagal Act Revisited and Reconsidered*, New York: Oxford University Press, 1990.

Calomiris, Charles W., "Corporate Finance Benefits from Universal Banking: Germany and the United States, 1870-1914," NBER Working Paper No. 4408, 1993.

______, *U.S. Bank Deregulation in Historical Perspective*, Cambridge: University of Cambridge Press, 2000.

Caross, Vincent P., *Investment Banking in America: A History*, Cambridge,

MA: Harvard University Press, 1970.

Chandler, Alfred D., *The Visible Hand*, Cambridge, MA: Belknap, 1977.

_______, *Scale and Scope*, Cambridge, MA: Belknap, 1990.

Chernow, Ron, *The House of Morgan*(『금융제국 J. P. 모건』, 플래닛, 1990).

De Long, J. Bradford, "Did J. P. Morgan's Men Add Value? An Economist's Perspective on Financial Capitalism," in *Inside the Business Enterprise*, edited by Peter Temin, Chicago: University of Chicago Press, 1991, pp. 205-236.

Demsetz, Harold, "Two Systems of Belief About Monopoly," in Harvey Goldschmid, H. Michael Mann, and J. Fred Weston, eds., *Industrial Concentration: The New Learning*, Boston: Little Brown, 1974.

Diamond, Douglas, "Financial Intermediation and Delegated Monitoring," *Review of Economic Studies*, 51, 1984, pp. 393-414.

Dymski, Gary A., *The Bank Merger Wave*, M. E. Sharpe, 1999.

Economist, "The Wall Falls," Oct 28th, 1999.

Eichengreen, Barry, "Mortgage Interest Rates in the Populist Era," *American Economic Review*, 74, 1984, pp. 995-1015.

Fazzari, Steven R., Glenn Hubbard, and B. Petersen, "Financing Constraints and Corporate Investment," *Brookings Papers on Economic Activity*, 1, 1988, pp. 141-195.

Fohlin, Caroline M., "Universal Banking in Pre-World War I Germany:

Model or Myth," *Explorations in Economic History*, 36, 1999, pp. 305-343.

Gompers, Paul and Josh Lerner, "Conflict of Interest in the Issurance of Public Securities: Evidence from Venture Capital," *Journal of Law and Economics*, 42, 1999, pp. 1-28.

Hofstadter, Richard, *The Age of Reform*, 1955.

Hoshi, Takeo, Anil Kashyap, and David Scharfstein, "Corporate Structure, Liquidity, and Investment: Evidence from Japanese Industrial Groups," *Quarterly Journal of Economics*, 106, 1991, pp. 33-60.

James, John, "Banking Market Structure, Risk, and the Pattern of Local Interest Rates in the United States, 1893-1911," *Review of Economics and Statistics*, 1976, pp. 453-462.

Kroszner, Randall S. and Raghuram G. Rajan, "Is Glass-Steagall Act Justified? A Study of the U.S. Experience with Universal Banking Before 1933," *American Economic Review*, 84, 1994, pp. 810-832.

______, "Organization Structure and Credibility: Evidence from Commercial Bank Securities Activities before the Glass-Steagall Act," *Journal of Monetary Economics*, 39, 1997, pp. 475-517.

Landes, W. M. and Richard A. Posner, "Market Power in Antitrust Cases," *Harvard Law Review*, 94, 1981, pp. 937-996.

Michener, Kris J., "Are Prudential Supervision and Regulation Pillars of Financial Stability? Evidence from the Great Depression," NBER

Working Paper No. 12074, 2006.

Perkins, E. J., "The Divorce of Commercial and Investment Banking: A History," *Banking Law Journal*, 88, 1971, pp. 483-528.

Puri, Manju, "The Long-Term Default Performance of Bank Underwritten Security Issues," *Journal of Banking and Finance*, 18, 1994, pp. 397-418.

______, "Commercial Banks in Investment Banking: Conflict of Interest or Certification Role?," *Journal of Financial Economics*, 40, 1996, pp. 373-401.

Ramirez, Carlos D., "Did J. P. Morgan's Men Add Liquidity? Corporate Investment, Cash Flow, and Financial Structure at the Turn of the Twentieth Century," *Journal of Finance*, 50, 1995, pp. 661-678.

______, "Did Glass-Steagall Increase the Cost of External Finance for Corporate Investment?: Evidence from Bank and Insurance Company Affiliations," *Journal of Economic History*, 59, 1999, pp. 372-396.

______, "Did Bank's Security Affiliates Add Value? Evidence from the Commercial Banking Industry during the 1920s," *Journal of Money, Credit, and Banking*, 34, 2002, pp. 393-411.

______, "Did Branch Banking Restrictions Increase Bank Failure? Evidence from Virginia and West Virginia in the late 1920s," *Journal of Economics and Business*, 55, 2003, pp. 331-352.

Ramirez, Carlos D. and Bradford De Long, "Understanding America's Hesitant Step Toward Financial Capitalism: Politics, the Depression, and the Separation of Commercial and Investment Banking," *Public Choice*, 106, 2001, pp. 93-116.

Rajan, Raghuram, "Insiders and Outsiders: The Choice Between Informed and Arm's Length Debt," *Journal of Finance*, 47, 1992, pp. 1367-1400.

Roe, Mark, *Strong Managers, Weak Owners*, Princeton, 1994.

Snowden, Kenneth A., "Mortgage Rates and American Capital Market Development in the Late-Nineteenth Century," *Journal of Economic History*, 47, 1987, pp. 671-691.

Stiglitz, Joseph and Andrew Weiss, "Credit Rationing in Markets with Imperfect Capitalism," *American Economic Review*, 71, 1981, pp. 393-410.

Studensky, Paul and Herman E. Krooss, *Financial History of the United States*, McGraw-Hill, 1952.

Sushka, Marie E. and W. Brian Barrett, "Banking Structure and the National Capital Market, 1869-1914," *Journal of Economic History*, 44, 1986, pp. 463-478.

Sylla, Richard, "Federal Policy, Banking Market Structure and Capital Mobilization in the United States, 1863-1913," *Journal of Economic History*, 29, 1969, pp. 657-686.

______, *The American Capital Market, 1846-1914: A Study of the Effect of Public Policy on Economic Development*, Arno Press, 1975.

Webb, David, "Long-Term Financial Contracts Can Mitigate the Adverse Selection Problem in Project Financing," *International Economic Review*, 32, 1991, pp. 305-320.

White, Eugene, *The Regulation and Reform of the American Banking System, 1900-1929*, Princeton, NJ: Princeton University Press, 1983.

______, "Before the Glass-Steagall Act: An Analysis of the Investment Banking Activities of National Banks," *Explorations in Economic History*, 23, 1986, pp. 33-55.

______, "Banking and Finance in the Twentieth Century," in Stanley Engerman and Robert Gallman, eds., *The Cambridge Economic History of the United States*, Vol. 3, Cambridge University Press, 2000.

Wicker, Elmus, *The Banking Panics of the Great Depression*, Cambridge: Cambridge University Press, 1996.

Wigmore, Barrie, *The Crash and Its Aftermath: A History of Securities Markets in the United States, 1929-1933*, Westport, CT: Greenwood, 1985.

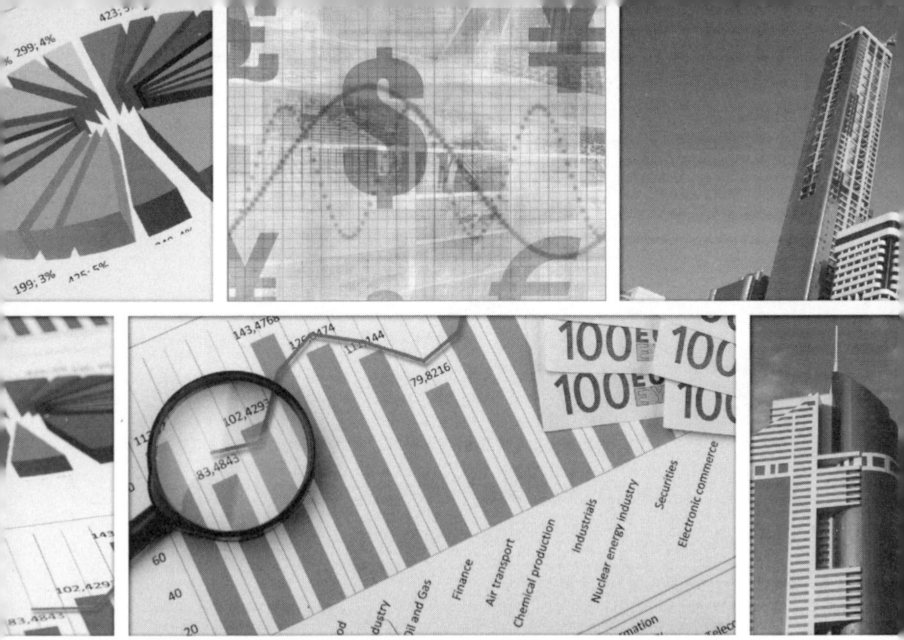

재벌 비판을 통해 본 일본의 반기업 정서

정진성

I 머리말

우리나라에서는 광범위하고도 강력한 반기업 정서가 존재한다고 생각되지만, 일본에서는 그러한 정서가 존재하지 않으며 오히려 기업 친화적 정서가 더 지배적이라고 생각된다.[1] 우리는 여기서 소박하게 "왜 일본에서는 반기업 정서가 강하게 나타나지 않을까?"라는 의문을 갖지 않을 수 없다.

이러한 질문에 대한 대답을 일본인의 전통적인 관습, 또는 사고구조로부터 찾아보고자 하는 것은 하나의 유력한 방법일 수 있다. 일본인의 기업에 대한 감정은 자본주의가 도입되고 기업 활동이 시작되기 이전부터 존재하던 전통 사회의 구조나 관습, 제도에 의해 규정되고 있다. 예를 들면, 이에(イエ, [家]) 제도의 존재는 일본인으로 하여금 자연스럽게 기업을 하나의 이에[家]로 보게 함으로써 기업 공동체적 관념을 일반화하는 데 기여했다고 할 수 있다. 기업을 공동체라는 틀 속에서 보는 사회에서 반기업 정서가 사회에 만연하기란 쉽지 않을 것이다. 또한 이익을 취하는 행동에 대한 전통적인 관념도 영향을 준다. 성리학적 전통이 있는 우리나라에서 돈을 버

1) 이러한 평가는 몇몇 설문 조사에 의해 뒷받침되고 있다. 예를 들어, 종합 컨설팅 회사인 액센츄어(Accenture) 사가 2001년 세계 22개국 CEO들을 대상으로 자국 국민들이 기업인에 대해 부정적인 인식이 있는지 문의한 결과에 따르면, 일본의 경우 동의한다는 회답이 45%인 데 비해 동의하지 않는다는 회답은 53%로 동의하지 않는다는 회답이 동의한다는 회답을 상회하고 있다. 한편, 한국의 경우는 동의한다는 회답이 70%(조사 대상 국가 중 1위), 동의하지 않는다는 회답이 28%로 동의한다는 회답이 압도적으로 많다. 또한 2003년에 중앙일보가 실시한 한국, 중국, 일본 3개국 국민을 대상으로 기업 인식에 관한 비교 조사에서도 한국의 반기업적 정서가 일본, 중국에 비해 높은 것으로 나타났다.

는 것은 자랑스러운 일이 아닌 반면, 상업적 전통이 있는 일본에서 돈을 버는 것은 적대적이 아니어서 반기업 정서가 발달하지 못한 요인일 수 있다. 이와 같은 각도에서 접근하는 것을 역사적 접근에 대비되는 구조적 접근이라고 해두자.[2] 이러한 구조적 접근에 따르면 일본에서는 반기업 정서가 약할 수밖에 없다는 결론에 이르게 된다. 그러나 이러한 접근법에는 다음과 같은 문제점이 있다.

기업 친화적인 정서는 일본에서 제2차 세계대전 전보다는 후에 더욱 강하게 나타나고 있다는 점이다. 만일 일본인의 기업에 대한 정서나 시각이 역사적 관습, 전통에 규정받고 있다면 오히려 과거의 전통, 관습이 더 진하게 남아 있던 전전(戰前)에 기업 친화적인 정서가 더 강해야 하지 않을까?

구조적 접근에서의 이러한 난점을 극복하기 위해 여기에서는 반기업 정서에 대한 역사적 고찰을 통해 그 대답을 찾아보고자 한다. 실제로 일본의 근현대사를 통람하면 수차례에 걸쳐 강력한 반기업 정서가 분출되었음이 확인된다. 따라서 현재의 반기업 정서의 부재라는 현상은 역사상에 출현했던 반기업 정서에 대한 대응 과정의 산물로써 파악할 수 있다. 그렇다면 글머리에서 제기한 "왜 일본에서는 반기업 정서가 강하게 나타나지 않을까?" 라는 질문은 "일본에서는 반기업 정서를 풀어 가는 메커니즘이 어떻게 형성되었는

2) 예를 들면, 김은희 · 함한희 · 윤택림(1999). 한국 재벌의 특징을 한국의 가족 제도, 인적 네트워크와 같은 전통적 사회 조직 또는 관습에서 설명하고 있는 연구로는 服部民生(1991)를 참조할 수 있다. 한편, 반기업 정서에 관한 것은 아니나 일본에서의 기업에 관한 문화론적 · 구조론적 연구는 '일본적 경영'을 중심으로 두터운 연구 축적을 해왔다. 일본적 경영에 대한 문화론적 어프로치의 성과 및 이러한 연구성과에 대한 비판과 반비판의 내용에 대해서는 岩田龍子(1984)가 편리하다.

가?" 라는 질문으로 바꿀 수 있을 것이다. 여기에서는 이 질문에 대해 역사적으로 반기업 정서가 고양되었던 시기 중 쇼와 공황기의 재벌 비판을 대상으로 하여, 반기업 정서가 생성된 요인, 반기업 정서를 적극적으로 표출한 집단 및 표출 양식, 그리고 반기업 정서에 대한 기업 및 정부의 대응을 밝힘으로써 이에 대답하고자 한다.[3]

쇼와 공황기에 일어났던 재벌 비판에 관한 연구는 일본 재벌에 대한 두터운 연구 축적에 비하면 비교적 엷은 편이기는 하나, 재벌 비판 및 그 귀결인 재벌 전향의 구체적인 내용에 대해서는 세밀한 실증적 연구가 이루어져 있다. 山崎(1988) 및 武田(1995)는 재벌 비판의 발단이 된 미쓰이 재벌의 달러 매입의 실상을 분석하였으며, 山崎(1990)는 미쓰이물산의 상업주의에 대한 비판에 관해 자세한 검토를 하고 있다. 재벌 비판의 의미를 사회사상사적 맥락에서 검토한 연구로는 長(1973)과 安田(2002)가 있다. 재벌 전향에 대해서는 武田(1995)가 재벌의 축적 구조상의 영향에 대해 검토하고 있고, 春日(2002)는 미쓰이보은회에 관한 실증적 분석을 하고 있다.

이처럼 재벌 비판의 여러 측면에 관한 훌륭한 연구 성과가 있지

3) 일본 사회에서 반기업 정서가 크게 고양된 시기로써 쇼와 공황기(1930년대 전반), 전후 개혁기(1940년대 후반에서 1950년대 전반), 제1차 석유 위기 전후의 시기(1960년대 말부터 1970년대 전반)를 생각할 수 있다. 쇼와 공황기는 불황이 심화하는 중에 재벌 비판이라는 형태로 주로 혁신 우익 세력에 의해 반기업 정서가 분출되었으며 전후 개혁기는 경제 민주화의 요구 속에서 격렬한 노동조합 운동 속에 반기업 정서가 나타났다. 석유 위기 전후의 시기에는 시민 운동 그룹을 주된 세력으로 해서 환경 문제 등에 대한 기업의 사회적 책임이 추궁되었다. 물론 쇼와 공황기 이전에도 반기업 정서가 존재했다고 생각된다. 예를 들면, 일본에서의 최초의 공해 문제라고 일컬어지는 아시오(足尾) 광독(鑛毒) 사건은 공해를 일으킨 기업에 대한 광범위한 사회적 비판을 야기시켰다. 또 제1차 세계대전 시 쌀값 상승에 대한 불만이 쌀 소동으로 폭발하는 중에 스즈키(鈴木) 재벌과 같은 대기업이 폭동의 타깃이 되기도 했다. 그러나 이러한 사건들은 기업 일반에 대한 광범위한 기업 불신, 또는 반감으로 확대되지는 않았다. 또한 이러한 사건들을 계기로 기업에 대한 정부 정책이 크게 바뀌지도 않았다.

만, 다음과 같은 점에 대한 보완이 필요하다고 생각한다.

첫째, 재벌 비판은 재벌의 경영 수법에 대한 비판이라기보다 체제 비판의 일환으로서 전개되었다는 점을 확인하고 그 의미를 명확히 할 필요가 있다. 기존 연구에서도 재벌 비판의 요인으로서 쇼와 공황에 따른 경제적 궁핍, 재벌의 비대화에 따른 대중들의 상대적 박탈감 · 소외감 등이 지적되고 있으나, 이것이 '쇼와유신' 운동과 같은 국가주의 운동과 결합한 재벌 비판의 형태로 나타나게 된 이유에 대한 설명은 명확하게 되어 있지 않다. 반기업 정서의 표출은 의회를 통해서도 이루어질 수 있으며, 전후에 나타난 바와 같이 노동 운동이나 시민 운동에 의해서도 일어날 수 있기 때문이다. 이러한 점의 해명을 위해서 일본 사회가 보통선거 실시에 따른 대중 민주주의의 시대로 전환되는 과정에서 일본 정치 시스템의 문제 및 재벌과 정치와의 관련 방식에 대해 주목할 필요가 있다.

둘째로, 비교사적 시점이 결여되어 있다. 재벌과 같은 기업 집단 또는 대기업에 대한 비판은 일본뿐만 아니라, 한국은 물론 미국이나 영국과 같은 선진국에서도 나타나고 있다. 외국 사례와 비교함으로써 일본에서의 재벌 비판이 가지는 특징을 확인하는 것이 가능하고 그것이 체제 비판으로 전개된 이유를 더욱 명확히 알 수 있을 것으로 기대된다. 본 연구에서는 한국에서의 재벌 비판과 쇼와 공황기의 재벌 비판을 비교하여, 한국의 재벌 비판에서 중심적 문제가 되고 있는 소유 집중, 부의 축적 과정상의 도덕성 등과 같은 테마가 일본의 경우 재벌 비판의 핵심적 내용이 되고 있지 않음을 밝

히고 그 이유를 구명하고자 한다.

제II절에서는 재벌 비판이 전개된 쇼와 공황기의 경제적 상황을 약술하고 재벌 비판의 구체적 전개 과정에 대해 설명한다. 제III절에서는 미쓰이 재벌에 대한 공격 내용을 구체적으로 분석하여 재벌 비판의 본질은 경제적 비판이 아니라 체제 비판에 있음을 보이고, 제IV절에서는 재벌 비판의 귀결인 재벌 전향의 내용과 의미에 대해 분석한다. 제V절은 한국의 재벌 비판과의 비교를 통해 쇼와 공황기 재벌 비판의 특징을 명확히 하고 그러한 특징이 나타나는 이유를 밝힌다. 제VI절에서는 결론을 정리한 후 향후의 연구를 염두에 두고 '기업의 공공성' 확보에 대한 문제 제기를 한다.

II 재벌 비판의 전개

1. 쇼와 공황기의 일본 경제

1) 쇼와 공황의 발발

1929년 10월 24일 뉴욕 증권 시장의 폭락을 계기로 세계 대공황이 발발하였다. 일본에서는 1930년 1월의 금본위제로의 복귀(金解禁)를 위한 민정당 정부의 긴축 재정과 세계 공황의 영향이 중첩됨으로써 격렬한 경기 수축이 일어났다. 1929년부터 1932년 사이에 광

공업 생산은 약 10%, 무역은 약 60%가 감소하였으며, 도매 물가는 약 30% 하락했다.

이러한 격렬한 가격 하락을 동반하는 불황 하에 고용은 줄고 임금 수준은 하락했으며, 노동쟁의 수는 격증했다. 1931년의 민영 공장의 노동자 수는 1929년의 약 82% 수준이었으며, 실질 임금은 약 85%의 수준이었다. 노동쟁의는 1930년에 전년보다 60% 이상 증가한 2,284건을 기록했으며, 1932년까지 해마다 2,000건을 넘었다. 실업자는 1930년에 250만 명으로 추정되었다. 고등실업자를 소재로 한 오즈 야스지로(小津安二郎) 감독의 「대학은 나왔지만」(大學は出たけれど)이 상영된 것은 불황이 짙어 가던 1929년이었다.

농촌 지역의 불황은 도시보다 더욱 심각하였다. 1931년의 미가(米價)는 1929년의 63% 수준이었으며, 1935년이 되어서야 1929년의 수준을 회복했다. 미국에 주로 수출되던 생사(生絲) 가격이 절반 이하로 폭락함에 따라 농가의 주 수입원이었던 누에고치의 가격도 폭락하였다. 1931년의 누에고치 가격은 1929년의 약 42% 정도였으며, 1935년에도 63%의 수준에 불과했다. 누에고치 가격의 폭락과 미가의 하락에 따라 농가 소득은 1930-1932년의 3년 사이에 절반으로 줄어들어, 각지에서 농촌 생활의 붕괴, 즉 소농 가계가 파탄하고 그들이 구성하는 공동체가 해체되었다. 특히, 동북 지역 농촌의 경제적 상황은 더욱 심각하여 기아 수준의 궁핍에 빠진 농민의 참상이 보도되고, 딸을 판다거나 소학교 교원의 급료가 지불되지 않는 일이 속출하였다. 당시 일본의 농림업 취업 인구는 1,392만 8,000명(1929

년)으로 전 취업 인구의 약 47%를 차지하고 있었으며 농가의 대다수는 영세 소작농이었다(당시의 소작지는 전 경지의 46%에 달하고 소작 호수는 전 농가의 27%, 자소작은 42%). 이처럼 방대한 인구를 포용하고 있는 농촌 지역의 극심한 경제적 궁핍이 후술하는 바와 같은 급진적인 농본주의 운동의 배경이 되었다.

2) 재벌의 제패

쇼와 공황이 발발한 1930년대 초는 일본 경제에서 재벌의 독점적 지위가 두드러지게 나타난 시기였다. 재벌은 가족에 의한 봉쇄적 소유 구조를 특징으로 하는 기업 집단으로서 제1차 세계대전을 거치면서 크게 성장하여 복수의 산업 부문에 걸쳐 대기업을 산하에 두는 콘체른의 형태를 갖추게 되었다.[4]

제1차 세계대전 후 1920년대의 장기 불황 과정에서 재벌들 간의 격렬한 부침이 있었지만, 1920년대 말에는 미쓰이(三井), 미쓰비시(三菱), 스미토모(住友), 야스다(安田)의 4대 재벌의 패권이 확립되었다. 이들의 주된 투자 분야는 광업, 금융, 상업이었으며, 이 시기에는 아직 중화학공업을 주된 축적 기반으로 하고 있지는 않았다. 납

4) 재벌이란 말은 1900년 전후에 일본에서 사용되기 시작한 조어(造語)로서 당초에는 동향(同鄉)의 부호를 가리켰으나, 1900년대 말에는 동향에 한정되지 않고 일반적으로 부호 일족을 의미하게 되었다. 일본 학계에서는 재벌을 "가족 또는 동족에 의해 출자된 모회사(지주 회사)가 중핵이 되어 모회사의 지배하에 다양한 산업 분야에서 과점적 지위를 점하고 있는 자회사로 이루어져 있는 기업 집단"(安岡, 1976), 혹은 여기서 콘체른 규정과 독점 규정을 제외시켜, "부호 가족 · 동족의 봉쇄적 소유 · 지배 하에 성립한 다각적 사업체"(森川, 1978)로 정의한다. 재벌 비판이 주로 미쓰이와 같은 콘체른적 기구를 확립한 대재벌에 대해 일어났기 때문에 여기에서는 전자의 정의에 따른다. 콘체른이란 "지주 회사에 의한 복수의 산하 기업의 주식 소유를 통하여 동일 자본으로 상이한 산업 부문에의 지배를 목적으로 하는 독점 조직의 한 형태" 이다(橘川, 1996).

입 자본금 기준으로 재벌의 일반 집중도를 보면 1930년의 시점에서 미쓰이, 미쓰비시, 스미토모의 3대 재벌계 기업의 납입 자본금은 회사 통계표에 게재된 주식회사 전체 납입 자본금의 14.0%에 달했다 (橋本, 1989: 122).

쇼와 공황 시기는 이와 같이 한편에서의 농민이나 중소 상공업자의 경제적 궁핍, 다른 한편에서의 재벌에 의한 부의 독점이 첨예하게 대비되던 시기였다.

2. 재벌 비판의 전개

1) '달러 매입' 사건

재벌 비판은 쇼와 공황기에 미쓰이은행을 비롯한 재벌계 은행과 기업에 의한 '달러 매입'을 직접적인 계기로 하여 발생하였다. 즉, 재벌계 기업들이 외환 시장에서 엔저를 예상하고 '달러 매입'을 한 것에 대해, 이것은 국가 정책에 반하는 것이기 때문에 '괘씸하다'고 군부와 우익이 들고 일어나 재계 비판을 한 것이 재벌 비판의 발단이다.

전술한 바와 같이, 민정당 정부는 1930년 1월 금본위제로의 복귀를 단행하였다. 당시 금본위제로의 복귀를 둘러싸고 구평가 복귀와 평가절하된 신평가 복귀의 주장이 대립되고 있었지만 민정당 정부는 당시 다수 의견인 구평가 복귀를 단행했다. 금본위제 복귀 직전의 엔-달러 교환 비율이 100엔당 약 43달러 50센트 정도였기 때문에 100엔당 49달러 85센트인 구평가로의 복귀는 약 15%의 엔고를 의미하는 것이었다. 금본위제 복귀를 단행한 이노우에 준노스케(井上準之助) 대장성 장관은 구평가 수준의 유지에 자신을 보였지만, 구평가의 유지가 일본 경제의 실력으로 볼 때 무리하다는 관측은 금본위제 복귀 당초부터 존재하였다.[5]

그러나 달러 매입이 본격적으로 일어나 사회적으로 문제화된 것은 1931년 9월 21일에 영국이 금본위제를 정지하면서부터였다. 국제 금융 체제의 종주국이라고 할 수 있는 영국의 금본위제 정지는 일본도 조만간 금본위제에서 이탈할 것이라는 예상을 거의 기정사실화함으로써 달러 매입을 한층 가속시켰다. 이때부터 민정당 정부의 붕괴 후에 성립한 정우회의 이누카이 쓰요시(犬養毅) 내각이 1931년 12월 13일 금본위제 정지를 단행하기까지의 3개월간 금본위 정책을 고수하고자 하는 정부와 달러 매입 세력 간의 격렬한 달러 공방이 이른바 '달러 매입' 사건이다.

2) 미쓰이 재벌에 대한 비판과 공격

재벌 비판은 국내 은행의 달러 매입을 공공연히 비판한 정부에 의해 시작되었다. 금본위제를 유지하고자 하는 정부는 재계에 금본위제 유지에 대한 협력을 거듭 촉구하였으나, 달러 매입이 계속되자 달러 매입을 하는 측을 '국적'(國敵)으로 취급하는 등의 도덕적 압

5) 高橋龜吉(1995)의 제10장 참조.

력을 가하기 시작했다. 특히, 11월 4일, 민정당 총무회는 달러 매입의 규탄 성명을 발표하여 공공연하게 달러를 매입하는 측에 대해 "이러한 투기를 하는 것은 국적이다"라고 대단히 강경한 비판적 언어를 사용함으로써 달러 매입을 주로 하고 있던 미쓰이은행, 미쓰이물산, 미쓰비시은행, 스미토모은행 등의 재계 중심부에 있는 기업이나 경영자를 '국적'으로 몰아붙였다.

달러 매입 사건이 당시 신문지상에 대대적으로 보도됨에 따라 달러 매입에 대한 비판이 그 수괴로 지목된 미쓰이은행에 집중되었다. 이에 더해 미쓰이광산의 노동자 해고, 미쓰이물산의 농촌 공업 진출을 대자본의 횡포로 공격하는 기사가 신문에 게재되어 미쓰이 재벌은 재벌 비판의 타깃이 되었다.

재벌 비판은 직접적 항의 행동으로 발전하였다. 당시 사회주의 정당이었던 사회민중당 산하의 사회청년동맹원 100여 명은 11월 2일 미쓰이은행 본점으로 몰려가 달러 매입에 항의하였다. 사회민중당은 12월 25일에도 도쿄에서는 미쓰이, 이와사키(미쓰비시 재벌의 주인)의 양가에, 오사카에서는 스미토모가에 항의문을 가지고 몰려가 시위 행동을 하였다. 이들은 "미쓰이, 미쓰비시, 스미토모의 재벌이 금수출 재금지를 예상하고 달러를 투기적으로 매입하여 거리(巨利)를 얻었지만, 이 때문에 물가는 폭등하고 국민 경제가 극단적으로 압박받았다"고 주장했다. 미쓰이 본가로 몰려간 그룹은 미쓰이가 달러 매입으로 얻은 이익을 도호쿠, 홋카이도의 흉작 기근지 구제 자금으로 제공할 것, 12월 1일에 수취한 남만주철도회사 배당금을 모두 만주에 출정한 병사에 분배할 것 등을 주장하면서[6] '국민의 적을 장사 지내자', '사회주의 일본을 건설하자' 등의 구호를 외쳤다.

달러 매입에서 시작된 재벌 비판은 이와 같은 항의나 시위만으로 그치지 않았다. 1932년 3월 5일 미쓰이합명(미쓰이 재벌의 지주 회사)의 이사장 단 다쿠마(團琢磨)가 혈맹단원(血盟團員) 히시누마 고로(菱沼五郎)에 의해 암살되자 미쓰이 재벌은 큰 충격을 받았다. 혈맹단은 이노우에 닛쇼(井上日召)를 중심으로 하는 혁신 우익 단체로서 이들은 쇼와 공황기에 급속히 비합법 수단에 의한 국가 개조를 지향하게 되었다. 이들은 현 체제의 파괴를 목표로 하여 '일인일살'(一人一殺)주의를 표방하였는데, 이들에 의해 1932년 2월에는 이노우에 전 대장성 장관이 오누마 다다시(小沼正)에 의해 암살되고, 이어 5월에 단이 암살당한 것이다.

3) 군부의 재벌 비판

당시의 군부는 아직 명확한 재벌 비판의 자세는 보여 주고 있지 않았다. 그러나 군부의 일각에서는 국가주의적 사상에 경도하고 있는 그룹들이 나타나 국가 개조 운동을 일으키며 그 일환으로 재벌 비판을 하기 시작했다. 이들은 군사 정권을 수립하기 위한 쿠데타를 기도하다 미수에 그쳤지만,[7] 1932년에는 이들 그룹 중에 해군 청

6) 1932년 1월 23일에도 사회민중당, 사회청년동맹, 일본노동총동맹의 3자가 공동으로 미쓰이에게 같은 요구를 했다(三井文庫, 1994: 190).

년 장교를 중심으로 한 그룹이 급진적 농본주의 그룹과 함께 5·15 사건을 일으켜 이누카이 수상을 살해하였다. 이러한 일련의 육해군 장교를 중심으로 한 쿠데타 기도는, 정당·재벌의 부패 정치, 농촌·도시의 피폐 궁핍, 국민 사상의 악화 등을 정당·재벌 및 특권 계급이 서로 결탁하여 사리사욕에 몰두하였기 때문에 일어난 것으로 파악하여, 이러한 난국을 돌파하기 위한 방법으로서 이들 특권 세력을 제거하고 군사 정권을 수립하는 것을 목표로 하고 있었다.[8) 5·15 사건은 국내 정치에 큰 충격을 주어 일본의 정당 정치는 이로써 종지부를 찍고 이후 군부의 정치적 발언권이 대폭 강화되었다.

군부 내의 반재벌적 기운은 만주사변 이후 관동군의 만주국 경제 건설 방침에서도 나타나고 있다. 관동군은 제1차 세계대전의 경험으로부터 장래 국가총력전 발발이 필지(必至)일 것으로 보고, 그 준비로서 만주의 철·석탄 자원 획득이 중요함을 역설해 왔다. 결국 관동군은 영국의 금본위제 정지 사흘 전인 1931년 9월 18일 발생한 유조구(柳條溝) 사건을 빌미로 하여 만주사변을 일으켰다. 만주의 무력 지배가 일단락된 1932년 3월 괴뢰 국가 만주국이 수립되자 군사적 지배 하에서 새로운 경제 건설, 확대가 시작되었는데, "재벌

7) 1931년 3월과 10월에 육군의 중견 장교 그룹을 중심으로 한 쿠데타 계획이 있었으나 미수로 끝났다. '3월 사건', '10월 사건'이라고 한다.

8) 5·15 사건 당시 쿠데타 그룹이 뿌린 전단에는 다음과 같이 격렬한 구호가 적혀 있었다.

> 국민이여! 천황의 이름으로 군신의 간신을 척결하라!
> 국민의 적인 기성 정당과 재벌을 죽여라.
> 횡포의 극에 달한 관헌을 응징하자!
> 간적, 특권 계급을 말살하자!(松本, 1978: 269)

은 들어오지 말 것"이라는 관동군의 당초 만주 개발 원칙은 재벌의 만주 진출을 거부하는 것이었다(1933년 3월 「만주국경제건설기본요강」(灣州國經濟建設基本要綱)). 이 역시 재벌 비판의 한 표현이라고 할 수 있다.[9]

4) 대중들의 의식 속에 있는 반재벌 정서

일반 대중들은 재벌에 대해 어떤 생각을 하고 있었을까? 몇 가지의 단편적인 사실로부터 대중들이 가지고 있던 재벌의 이미지를 상상해 보면 다음과 같다.

우선 1930년 1월부터 도쿄아사히신문[東京朝日新聞]에 연재되어 연간 가장 많이 읽힌 소설이었던 「진리의 봄」(眞理の春, 작자는 細田民樹)의 주제의 하나가 재벌 비판이었다. 거기서 재벌은 투기나 주식 조작에 의한 부당한 이익을 추구하며 불황에 신음하는 중소기업을 돈으로 흡수 · 지배하고 정계 중추와 결탁하여 국가와 지방의 이권을 마음대로 주무르는 이미지로 그려져 있었다. 미쓰이은행의 필두상무이사였던 이케다 시게아키(池田成彬)를 모델로 했다는 이 소설은 이케다의 항의에 의해 중단되었다(長, 1973: 136).

또 하나의 예를 마르크스주의에 경도해 있던 학생의 회상에서 살펴보자. 그 학생은 "단지 돈이 있다는 것만으로 왜 인격상의 차별이 발생하는가… 다리 밑 토관(土管)에서 우로(雨露)를 피하는 가련

9) 1934년 이후에는 재벌 자본을 중심으로 하는 만주에 대한 투자가 증대하여 일만(日滿) 경제 블럭이 진전된다. 만주의 경제 건설을 위해서는 결국 재벌 자본의 유입이 불가피했기 때문이다.

한 사람들과 제국호텔의 휘황찬란한 샹들리에 밑에서 샴페인을 건배하는 사람들과의 대립 …(그것이) 나를 마르크스로 기울어지게 했다"(文部省,『左傾學生生徒の手記』, 1934-1935)고 기술하고 있다. 여기서는 제국호텔에서 샴페인을 건배하는 것이 재벌의 정형적 이미지가 되고 있다(安田, 2002: 204).

극히 단편적인 자료이기는 하지만 대중들의 재벌 이미지는 자본의 운동 법칙이든가 축적 양식 등 비인격화된 시스템으로 파악된 것이 아니라, 말하자면 "제국호텔에서 샴페인을 마시는" 구체적인 행동과 결합된 인격으로 파악되고 있다. 이러한 알기 쉬운 이미지는 광범한 대중 속에 깊이 잠재되어 재벌 비판의 감각적 기초를 형성하고 있었다고 생각된다.

대중의 반재벌적 감정은 재벌에 대한 우익의 비판과 공격에 대한 대중의 호응으로부터도 알 수 있다. 혈맹단 사건은 발발 당시에는 오누마(이노우에 준노스케의 암살자)의 생가에 돌이 던져지는 등 비난이 일어났지만, 공판 상황이 신문에 보도되면서 전국에서 혈서의 감형 탄원서, 여성의 흑발이 변호인에게 다수 보내어지는 등 대중들로부터 마치 사회 개혁의 의거로 받아들여지기도 했다. 또 5·15 사건의 경우에도 주류 언론은 이에 대해 대체로 비판적이었지만, 사회적 분위기는 동정적이었으며, 감형 탄원서는 100만 통에 달했다고 한다.

III 재벌 비판의 본질

1. 미쓰이 재벌 공격의 정당성

1) 달러 매입은 투기적인 것인가?

미쓰이는 투기적 목적으로 달러 매입을 한 것일까? 미쓰이는 투기적 목적으로 달러 매입을 했다는 주장을 부정하였으며, 나아가서 합리적인 경제 행위라고 주장하였다. 달러 매입의 수괴로 지목되던 미쓰이은행의 필두상무이사였던 이케다 시게아키는 회고록에서 "미쓰이은행에서는 당시 달러의 선물 약정 1,633만 달러를 가지고 있어 이 준비로 달러를 사 둘 필요가 있었으며 또 전력 회사의 외채 이자 지불을 위해 535만 달러를 사지 않으면 안 되는 사정이 있었다"(池田, 1949: 135-170)고 하여 미쓰이의 달러 매입은 투기적인 것이 아니라 정당한 경제적 행위였다고 해명하고 있는데, 당시의 미쓰이은행도 같은 취지의 설명을 하고 있었다(三井文庫, 1994: 191-192). 또 미쓰이물산과 미쓰이신탁도 투기적인 예상에 의한 달러 매입이 아니라 무역 자금 조달을 위한 정당한 상행위였다고 주장하고 이에 대해 12월 23일 성명을 발표했다(三井文庫, 1994: 193).

경제계에서도 미쓰이의 주장에 동조하는 의견이 있었다. 당시 이노우에 대장성 장관의 오른팔로서 대장성 국고과장이었던 아오키 가즈오(青木一男)는 "당시 달러 매입의 약 절반은 내셔널시티은행 한 곳이 차지하고 있었으며, 미쓰이은행의 달러 매입액은 스미토모나 미쓰비시에 비해 큰 차이는 없었으므로 미쓰이은행만이 특별히 문제가 될 것은 없었다"고 하면서, "일반적으로 우리나라도 조만간 금 수출 재금지가 불가피할 것이라고 생각하는 사람들이 모든 기회를 이용하여 미리 달러를 사 두려고 하는 생각은 경제적 상식이라고 할 것으로 일국의 법제가 합법적 거래라고 하고 있는 것을, 애국심이나 도의심으로 저지하려고 하는 것은 본래 무리라는 것을 굳이 말할 필요도 없는 것이다"(青木, 1959)라고 하여, 대장성의 관료이면서도 달러 매입은 경제적으로 합리적이며 합법적인 것으로 이해하고 있었다.

우선 미쓰이가 어느 정도의 달러를 매입했는가를 보기로 하자. 야마사키의 연구(山崎, 1988)에 의하면, 전술한 아오키의 말대로 외국은행인 내셔널시티은행의 달러 매입이 압도적 비중을 차지하고 있음을 알 수 있다(〈표 1〉). 그러나 영국이 금본위제를 정지한 1931년 9월을 경계로 하여 1930년 8월에서 1931년 8월까지와, 1931년 9월에서 1932년 3월까지의 두 시기로 나누어 달러 매입 상황을 보면, 달러 매입이 문제가 되었던 두 번째 시기에 미쓰이은행과 미쓰이물산의 달러 매입이 급속히 증가한 것을 알 수 있다. 즉, 달러 매입에 대한 비판이 미쓰이에 집중된 것은 달러 매입이 문제가 된 1931년 9월 이후 미쓰이의 움직임이 두드러졌기 때문이라고 할 수 있다.

이처럼 1931년 9월 이후 미쓰이의 달러 매입이 돌출된 것에 대해서 최근의 연구(小倉, 1990; 武田, 1995)는 미쓰이은행이 영국의 금본

〈표 1〉 대규모 달러 매입 은행 및 기업

(단위: 천 엔, %)

순위	1930. 8.-1931. 8.		순위	1931. 9.-1932. 3.	
	기업명	금액		기업명	금액
①	내셔널시티은행	142,520(40.2)	①	내셔널시티은행	130,642(32.7)
②	미쓰비시은행	34,300(9.7)	②	미쓰이은행	46,550(11.6)
③	스미토모은행	33,300(9.3)	③	스미토모은행	31,700(7.9)
④	홍콩상하이은행	21,450(6.1)	④	미쓰이물산	30,054(7.5)
⑤	조선은행	18,700(5.3)	⑤	미쓰비시은행	19,950(4.9)
⑥	Netherland Trading Society	15,085(4.3)	⑥	홍콩상하이은행	19,200(4.8)
⑦	미쓰이은행	12,200(3.4)	⑦	조선은행	15,430(3.9)
⑧	미쓰이물산	11,731(3.3)	⑧	동양면화	8,888(2.2)
⑨	차타드은행	8,700(2.5)	⑨	차타드은행	8,700(2.2)
⑩	노무라증권	6,399(1.8)	⑩	타이완은행	8,250(2.1)
	기타 포함 합계	354,420		기타 포함 합계	399,995

출처: 山崎(1988).

위제 정지로 인해 발생한 환차손을 메우기 위해 엔저를 예상하고 환차익을 얻으려고 의도적으로 달러 매입을 했기 때문이라고 설명하고 있다. 즉, 당시의 미쓰이은행은 약 8,000만 엔의 유휴자금을 영국의 파운드화에 투자하고 있었는데 영국의 금본위제 정지로 인해 파운드화의 가치가 약 3할 하락함으로써 2,400만 엔 가량의 환차손이 발생하였다. 이 손실을 메우기 위해 엔저를 예상한 투기적 달러 매입을 했다는 것이다. 결국 예상대로 일본이 1931년 12월에 금본위제를 정지함에 따라 엔화 가치가 크게 떨어짐으로써 미쓰이는 달러 매입에 의해 막대한 이익을 올릴 수 있었다.

그러나 이와 같은 달러 매입의 실상은 나중에 판명된 것으로 당시의 달러 매입에 대한 비판이 정확한 정보에 기초한 것은 아니었다. 오히려 이 방면의 전문가들은 달러 매입은 정상적인 거래라고 생각하고 있었다. 당시의 여론은 달러 매입의 경제적 합리성이나 국민 경제에 대한 효과란 면에서 달러 매입을 공격한 것은 아니었다. 여론의 주된 주장은 불황으로 국민들이 고생하고 있는데 재벌만이 부당한 방법으로 이익을 보고 있다는 것이다. 여기서 부당하다는 것은 금본위제를 유지하고자 하는 국가 정책에 반해서 투기적인 달러 매입을 했다는 것이다. 미쓰이는 투기적 매입이 아니었음을 필사적으로 주장하였지만 대중은 미쓰이의 주장에 귀를 기울이지 않았다. 말하자면 모두 고생하고 있는데 혼자만 돈을 벌고 있는 것, 그것도 국가 정책에 반해서 돈을 벌고 있다는 것이 괘씸했던 것이다.

2) 물산의 '상업주의'에 대한 비판

달러 매입과 함께 미쓰이 재벌 공격의 주 재료가 된 것은 일본 최대의 종합상사인 미쓰이물산의 노골적인 '상업주의' 또는 '영리제일주의'였다. 당시 미쓰이물산은 종합상사 부문에서 공룡적인 존재였으며, 미쓰이 재벌 내에서도 가장 중요한 위치에 있었다. 따라서 미쓰이물산의 경영 방침에 대한 비판은 바로 미쓰이 재벌 전체에 대한 비판으로 확산될 수 있었다.

그렇다면 당시 비판의 대상이었던 미쓰이물산의 '상업주의'란 무엇인가? 당시의 신문이나 잡지 등의 자료를 보면, 미쓰이물산의 노골적인 이익 추구에 의한 중소 상공업자의 몰락을 문제로 삼고 있음을 알 수 있는데, 이와 같은 당시 저널리즘의 주장은 과연 사실을 정확히 반영하는 것일까?[10] 적어도 당시 미쓰이물산을 실질적으로 지도하고 있던 야스카와 유노스케(安川雄之助)가 적극적으로 지방 진출을 의도하고 있던 것은 사실이다. 야스카와가 물산의 지점장 등에 대한 「신달」(申達)[11]이나 「훈시」(訓示)를 보면, 협동조합의 이용, 지방 시장 진출이 신발명·신사업 계획의 주시, 동업자와의 협조, 생산 과정에의 진출, 외국 간 무역의 적극화 등과 함께 중요한 영업 방침으로서 반복되어 강조되고 있다. 실제로 미쓰이물산의 상내별상품취급고(商內別商品取扱高)를 보면 국내 매매가 차지하는 비중이 1920-1926년의 23-25%대에서 1928-1932년의 30%대, 1933년의 40.1%로 경향적으로 크게 상승하고 있는데, 이러한 국내 시장 매매고의 신장은 협동조합의 이용, 지방 시장 진출이라고 하는 방침의 결과라고 볼 수 있다.

이와 같은 지방 시장 진출의 과정에서 중소 상공업자에 대한 압박이 존재했는지는 명확하지 않다. 야스카와는 '중소 상공업자'의 압박이라는 비판에 대해 일본의 자원 부존 상황에 적합하게 존재하

10) 이하의 내용은 山崎廣明, 「三井物產と安川雄之助」(中川敬一郎 編, 『企業經營の歷史的硏究』, 岩波書店, 1990)에 주로 의거하고 있다.
11) 하급 관청에 문서로 지시한다는 의미로 우리말의 하달(下達)에 해당됨.

는 가내 공업의 발달을 상사가 조성하고 그 제품의 판매나 원재료의 공급을 담당하는 형태로 가내 공업과 상사의 공생을 의도한 것이라고 변명하고 있다.[12] 그러한 예로서 비슈(尾州)의 모직물 가내 공업, 도자기나 단추, 수산 가공품, 계란 등을 들고 있는데, 계란의 경우, 1930, 31년경부터 각지 양계조합과의 독점 판매권을 무기로 하여 계란 거래가 활발해지는 것이 눈에 띈다. 약간 나중의 일이기는 하나 미쓰이물산은 1937년에는 최대의 계란 시장인 관동 시장에서 3위의 계란 거래 실적을 올렸다.

이와 같은 야스카와의 논리는 그 자체로는 나름대로의 합리성을 가지는 것이라고 판단된다. 대규모 상사가 협동조합을 매개로, 혹은 직접적으로 중소 공업과 연결함으로써 유통 과정이 합리화되고 수출이 촉진된다면, 합리화 메리트가 상사에 독점되지 않는 한, 국민 경제에 대해 플러스가 될 것이다. 그러나 합리화 과정에서 당연히 기존의 상권을 빼앗기는 중소 상공업자도 나타날 것이며 이들은 미쓰이물산의 방침에 반발할 것이다. 결국, 미쓰이물산의 영업제일주의에 대한 비판은 미쓰이물산의 방침에 의해 손해를 보는 그룹의 목소리가 상사의 진출에 따른 합리화 메리트를 냉정히 평가하는 목소리를 압도한 결과가 아닐까? 즉, 장기화하는 농촌 공황과 함께 많은 지방 중소 상공업의 경영이 악화하고, 이에 연동하여 반재벌 감정이 고조되는 상황에서 상사의 진출에 대한 냉정한 평가는

12) 『中央公論』, 1934년 4월호.

불가능했던 것이다.

3) 미쓰이 재벌 공격의 본질

달러 매입 사건이나 물산의 영리 제일주의에 대한 비판은 모두 동일한 구조를 가지고 있다. 즉, 그 행위는 기업의 영리적 행위로서는 합리적, 또는 당연한 일이지만, 대중들은 바로 기업의 합리적 행위를 비도덕적 · 반사회적 행위로 인식하고 이를 비판하고 있다는 것이다. 여기에 재벌과 대중 간의 인식의 갭이 존재함을 알 수 있다.

그렇다면 달러 매입 등은 기업으로서 합리적 행동이기 때문에 재벌 비판은 정당하지 않은 것일까? 기업으로서의 합리성 또는 영리성을 극단으로 추구하다 보면, 약자에 대한 배려를 소홀히 하게 된다. 따라서 재벌의 행위가 합법적이고 경제적 원리에 맞는 합리적인 것이라고 해도 그 과정에서 발생하는 약자에 대한 배려를 충분히 하지 못했다면 재벌의 행위는 비판받을 수 있다. 또한 미쓰이 물산의 중소 상공업자에 대한 압박이란 비판은 재벌의 시장 지배력을 부당하게 사용한 사례로서 비판받을 여지가 있다고도 볼 수 있다. 미쓰이 재벌에 대한 비판은 이런 점에서는 정당한 근거가 있다고 판단된다.

그러나 재벌 비판은 여기서 한 걸음 더 나아가서 재벌의 사적 이익 추구 자체를 비판하는 방향으로 전개된다. 즉, 재벌 비판의 성격이 지나친 사적 이익 추구의 시정이 아니라 사적 이익 추구의 부정으로 발전하는 것이다. 이러한 비판은 달러 매입이나 영리 제일주의 같은 재벌의 영업 행위가 아니라, 재벌이란 존재 자체를 목표로 하기에 이르렀다. 이 과정은 당시 대두하고 있던 체제 비판 운동과 깊은 관련을 맺고 진행되었다.

2. 체제 비판으로서의 재벌 비판

재벌에 대한 가장 치명적인 공격은 혈맹단이나 군부의 혁신 장교 그룹과 같은 당시의 국가주의 운동을 전개하던 그룹에 의해 가해졌다. 이들은 쇼와유신[昭和維新]을 표방하여 "중신(重臣), 재벌, 정당, 관료 혹은 이에 가담한 군벌의 사리 · 사욕에 의해 운영"되고 있는 메이지 국가의 현상을 타파할 것을 주장했다. 이들에 의하면, 자본주의는 막다른 골목에 봉착하고 있어 경제 시스템의 개혁을 실행하지 않으면 안 되는 상황에 있고, 이러한 난국을 타파하기 위해서는 일본의 '국체'(國體)에 돌아와 국민 각자가 '사'(私)를 버리고 국민과 천황이 직결하여, 천황과 국민 사이에 있는 자본가 계급, 측근, 의회를 배제해야 한다고 한다. 즉, 쇼와유신 운동은 '사리 · 사욕'을 추구하는 재벌은 부정되고 배제되어야 할 존재로 인식하여 암살을 포함한 재벌 공격을 정당화하고 있었다.

그렇다면 이러한 광범위한 기존 체제에 대한 불만은 어떻게 형성된 것인가? 이 질문은 일본의 천황제 파시즘의 형성 과정에 대한 질문이기도 하며 이 소론에서 이에 대한 본격적인 논의를 하는 것은 무리이다. 그러나 이 문제에 대한 다양한 의견들의 최대 분모를 찾는다면, 그것은 결국 당시의 정치 체제가 성장하고 있는 대중들의 정치적 욕구를 흡수 · 소화하지 못한 점이 되지 않을까?

무엇보다도 당시의 정당 정치는 성장하는 대중적 욕구를 기존의 정치 질서 속에 조직화하는 데 실패하였다. 일본은 1920년대에 들어서서 비로소 정우회[13]와 민정당[14]의 양당에 의한 정당 내각 정치가 실현되었다. 이른바 다이쇼 데모크라시이다. 그러나 당시의 정당 정치는 일본의 자본주의 발달에 따른 성장한 대중의 욕구를 정당 내로 흡수 · 조직화하는 데 실패함으로써 대중 사이에 정당 정치에 대한 불신과 불만이 만연하게 되었다.

정우회와 민정당은 기본적으로 유산 계급 이익의 대변자였다. 국회 개설(1890) 후 고도의 제한선거가 실시된 결과, 양당은 모두 유산자(지주, 기업가)를 기반으로 하고 있었다. 정당의 영향력이 증대되고 정치 자금이 팽창함에 따라 정당과 재벌의 유착이 발생하여 정우회와 미쓰이, 민정당과 미쓰비시와의 밀접한 관계가 사람들의 입에 오르내렸다. 조직 형태면에서 보면 전형적인 명망가 정당이었다. 집표조직(集票組織)은 오로지 지방의 명망가에 의존하였다. 의회 활동면에서는 다수파 공작에 의한 노골적인 당리당략의 추구와

13) 정식 명칭은 입헌정우회(立憲政友會). 1900년 창립. 주로 지주 계급, 지방 부르주아를 지지 기반으로 했다. 1918년에 성립한 정우회(政友會)의 하라 다카시(原敬) 내각은 최초의 본격적 정당 내각이었다.

14) 정식 명칭은 입헌민주당(立憲民政黨). 1927년 헌정회(憲政會)와 정우본당(政友本黨)이 접근하여 헌본연맹(憲本連盟)을 결성한 후 이를 개조하여 결당하였다. 정우회에 비해 상대적으로 자유주의적이고 도시 부르주아적 성격을 가지고 있었다. 헌정회는 1916년 결성되었다. 1924년 정우회, 혁신구락부(革新俱樂部)와 함께 제2차 호헌 운동을 추진하여 1924년의 총선거에서 승리한 후 제1당으로서 3파 연립내각을 수립하고 헌정회 총재인 가토 다카아키(加藤高明)가 총리가 되었다. 이후 중의원 제1당의 당수가 조각하는 정당 내각이 관행화되었다.

의원들의 이권 개입이 국민에게 부정적인 인상을 주었다.

1925년에 보통선거법이 제정됨으로써 유권자 인구는 4배로 증가했다. 보통선거법의 제정은 기존 정당이 당 조직을 일반 대중에게까지 확대할 수 있는 기회였다. 그러나 보통선거법에 의한 최초의 총선거(1928) 결과 정계 분야에 큰 변화가 발생하지 않자 정당은 그러한 노력을 게을리했으며 양당의 체질은 온존되었다. 여기에는 보통선거법 제정과 함께 선거에 대한 관권적 규제가 강화되고 현저히 반민주적이라고 할 수 있는 치안유지법[15]이 동시에 입법됨으로써 보통선거의 민주적 성격이 희석된 탓도 있었다.

한편, 좌익 정당도 성장하는 대중의 정치력을 흡수하지 못했다. 공산당은 가혹한 탄압을 받아 실질적인 정당 활동 자체가 불가능했다.[16] 보다 온건한 사회주의계의 정당들은 1928년의 총선거에 참여하여 약간의 의석을 얻었지만 정계의 변화를 이끌어 내지는 못했다. 오히려 사회주의 우파에서는 국가 사회주의적 경향이 대두하여 대중을 파시즘의 방향으로 이끌었다. 사회민중당의 서기장이었던 아카마쓰 가쓰마로(赤松克磨)는 만주사변이 발발한 후 국가 사회주의를 주장하여 사회민중당에서 분파하여 별도의 정당(1932년 5월 일본국가사회당 결성)을 세웠는데, 그는 사회민중당에 의한 재벌 비판

15) 치안유지법은 국체를 변혁하거나 사유 재산 제도를 부인하고자 하는 결사 및 운동을 금지하고 위반자는 징역 10년 이하의 형에 처하였다. 1928년에는 긴급칙령에 의해 처벌 범위의 확장, 형벌에 사형을 추가하는 등의 개정이 이루어졌다.

16) 일본공산당은 1922년 창당되었으나 치안유지법 위반을 구실로 한 1928년의 3 · 15 사건, 1929년의 4 · 16 사건의 탄압으로 대타격을 받았다.

의 선봉에 섰던 인물이다.

대중들의 목소리가 정당을 통해 국정에 반영되지 못하는 상황에서 대중들은 자신의 욕구를 기존 정치 체제의 밖에서 찾게 되었다. 쇼와 공황에 따른 대중의 경제적 궁핍화는 이런 경향을 더욱 가속·촉진시켰다. 쇼와 공황에 의해 경제적 파국 상태에 빠진 농촌에서 가장 과격하고 급진적인 혁신 운동이 일어났다. 5·15 사건 주모자의 한 사람인 다치바나 고사부로(橘孝三郎)는 '동양적 원시 공산체의 농본 사회'를 이상으로 했다. 동양적 원시 공동체로 돌아감으로써 개인주의적인 자본주의 사회를 초극하고 해소할 수 있는 국민본위적, 공존공영적, 협동체적인 완전 국민 사회를 세우는 것이 그의 변혁 프로그램이었다. 그에 의하면 부국강병의 실상은 대도시의 발전과 그에 역비례하는 농촌의 황폐, 그리고 '대도시에 자리 잡은 특권자 및 재벌의 연합 지배력'의 확립 아래 일반 대중, 그중에서도 농민 대중의 빈사적 빈곤화를 가져왔을 뿐이라고 주장하고 애국혁신을 위한 농민들의 결사적 행동을 촉구하였다. 쇼와 공황 중에 궁핍화되어 가던 소농민, 소부르주아의 위기감과 기존 체제에 대한 원념(怨念)은 유산 계급 정당은 물론이고 좌익 정당도 이를 파악하지 못함으로써 쇼와유신 운동과 같은 국가주의 운동 중에 응결되어 나타났다(長, 1973: 187). 역으로 말하면, 쇼와유신 운동은 자본주의의 경쟁에서 뒤처져 가던 대중의 구제원망(救濟願望)을 흡인하여 그 원한의 대상을 정당과 재벌로 향하게 하는 구조를 갖고 있다고 할 수 있다(安田, 2002: 205).

IV 재벌의 전향

1. 전향의 내용

반재벌의 여론이 비등하는 가운데 재벌은 이익 우선주의라는 비판을 모면하기 위한 대책을 강구하지 않을 수 없었다. 이러한 변화는 1932년 말부터 1934년에 걸쳐 미쓰이 재벌을 중심으로 하여 조직 변경, 제도 개혁 등으로 나타나게 되는데, 이러한 변화를 '재벌 전향'이라고 불렀다.

미쓰이 재벌에 취한 전향의 구체적인 방책은 다음의 세 가지이다.

첫째는 상징적인 의미를 가지는 것으로써 1934년 2월 미쓰이 재벌의 직계 회사인 미쓰이은행, 미쓰이물산, 미쓰이광산 등의 사장직에서 동족이 물러났다. 미쓰이 동족은 미쓰이합명의 이사(역원)에만 취임하는 것으로 한정하였다. 미쓰이의 여러 사업이 미쓰이 동족의 지배 하에 있는, 또는 미쓰이 동족의 소유물로 보이는 외관을 가능한 한 희석하고자 한 시도였다. 이에 따라 전문 경영자가 명목상으로도 최고경영자의 자리를 차지하도록 한 것이다. 이와 함께 미쓰이물산 경영의 상징적 존재인 야스카와 유노스케를 사실상 해임하여 이익 우선주의에 대한 비판을 비켜 가려고 했다.

둘째는 1934년 4월 사회사업에 대한 기부 행위를 목적으로 미쓰이보은회(三井保恩會)를 설립한 것이다.[17] 미쓰이보은회는 1,000만 엔은 현금, 2,000만 엔은 미쓰이합명이 보유하고 있던 미쓰이은행과 미쓰이신탁은행의 주식을 현물 출자하여 합계 3,000만 엔을 기금으로 하는 재단법인으로 설립되었다. 미쓰이는 미쓰이보은회의 설립 이전인 1932년에서 1933년에 걸쳐서도 달러 매입에 대한 비판을 피하기 위해 거액을 여러 방면에 기부하였다. 예를 들면, 군인회관의 건설비, 국제 올림픽, 강도관(講道館) 등에 대한 기부 사업을 왕성하게 전개하였다. 1933년에는 실업 대책 사업으로 300만 엔을 기부하기도 했는데, 미쓰이보은회의 설립은 이러한 기부 사업의 도달점이라고 할 수 있다,

셋째는 재벌 동족이 소유하고 있던 주식을 공개한 것이다. 이 역시 미쓰이 기업이 미쓰이 동족의 지배 하에 있다는 인상을 지우기 위한 방책으로 실시된 것으로 구체적으로는 일반 주주에 대해서 주식을 공모하든가, 미쓰이합명이 가지고 있는 주식을 시장에 매각하여 새로운 주주를 맞아들인다는 방향을 취하기 시작했다. 당시 미쓰이가 공개한 주식은, 미쓰이의 방계 기업인 왕자제지의 주식 14만 주와 북해도탄광기선 주식 10만 주, 합계 약 2,000만 엔이었다. 그러나 미쓰이의 직계 사업에서는 주식을 공개하지 않았다.

미쓰비시나 스미토모도 다액의 기부나 주식 공개와 같은 유사한 조치를 취했다. 미쓰비시 재벌의 경우, 1934년 2월 미쓰비시상사

17) 미쓰이보은회에 대한 자세한 내용은 春日(1988)를 참조.

는 소기봉공(所期奉公), 입업무역(立業貿易), 처사광명(處事光明)이라는 '3강령'을 정하였으며, 3월에는 미쓰비시합자가 '미쓰비시 정신 요강'을 발표했다. 모두 국가 · 공익의 추구를 제일로 하는 것이었다. 이것도 일종의 '전향' 성명이었다.

2. 전향의 귀결

이러한 전향은 재벌에 어떤 영향을 주었을까?

우선 미쓰이 재벌 동족의 일선에서의 철퇴라는 조치는 상징적 의미 이상은 없었다. 후술하는 바와 같이 당시 미쓰이 재벌은 사실상 이미 전문 경영자 체제로 움직이고 있었으며, 재벌 동족은 상징적인 의미로 재벌 산하 기업의 사장직에 취임하고 있었을 뿐이다.

반면, 주식 공개는 재벌 경영에 중요한 의미를 가지고 있었다. 이것이 중요한 의미를 가지는 것은 재벌의 중요한 특징의 하나인 '봉쇄적 소유'가 무너지는 것을 의미하는 것이기 때문이다. 재벌의 재산을 사회에 공개한다는 자세로 취해진 것이지만, 그 경제적 의미는 재벌이 외부 자금을 확보할 수 있다는 점에 있었다. 즉, 당시의 재벌은 자회사 사업의 현저한 발전으로 자회사로부터 수취하는 배당금만으로는 자회사가 필요로 하는 자금을 확보할 수 없었다. 따라서 보유하는 주식을 매각하여 그 대금으로 필요한 투자 재원을 마련한 것이다. '봉쇄적 소유'라는 원칙을 고수하면 재벌은 경제 성장에 뒤처질 가능성이 있었지만, 그 원칙을 무너뜨릴 기회를 재벌 비판에 의한 전향이 주었다고 할 수 있다. 그러나 이러한 변화는 이미 제1차 세계대전기부터 일어나고 있었다. 1930년대에 특별히 현저한 변화가 일어난 것은 아니었다. 그런 의미에서 주식 공개는 단지 자세를 취한 것에 불과하며 그 내실은 그다지 변화하지 않았다고 할 수 있다. 그러나 재벌이 지금까지의 '봉쇄적 소유'의 원칙을 공공연하게 벗어던짐으로써 이전보다 더 자유롭게 자금 원천의 다양화를 꾀할 수 있는 계기가 된 것은 사실이다(武田, 1995).

이처럼 재벌 전향은 주식 공개를 통해 재벌의 '봉쇄적 소유'라는 원칙을 무너뜨렸다는 점에서 중요한 의미를 가지지만, 보다 넓은 사회경제적 문맥에서 볼 때는 재벌의 경제적 활동이 사익 추구가 아니라 공익 추구를 목표로 하고 있음을 끊임없이 주장해야 하는 상황이 되었다는 점이 중요하다. 재벌에 대한 가장 치명적인 공격이 재벌의 '사욕' 추구를 그 이유로 했던 것인 만큼 재벌은 재벌 공격에서 벗어나기 위해서는 자신의 사적 성격을 희석시켜야만 했다. 주식 공개도 당장의 목표는 외부 자금의 조달에 대한 필요성 때문이 아니라 재벌 가족에 의한 배타적 소유란 측면을 완화시키기 위함이었다.

재벌이 사적 이익을 추구하는 존재가 아니라는 점을 사회에 호소하는 데 있어서는 전향 조치 중에서도 미쓰이보은회를 중심으로 이루어진 사회사업에 대한 기부 · 조성이 중요한 의미를 가졌다. 이것은 신문사 등에 기부를 통한 매스컴 대책, '만주국'에의 차관 공여, 메이지 신궁 · 야스쿠니 신사 청소 봉사, 「메이지천황어제집」(明

治天皇御製集)의 배포 등과 같은 국가 및 군부, 천황제 이데올로기 대책, 도시 실업자 구제, 농촌 구제 부흥 사업에 대한 거액의 조성과 같은 광범위한 사회 · 대중 대책이라고 하는 세 계열로 실시되었다(春日, 1988). 특히, 급진적 국가주의 운동의 기반이 되고 있던 도호쿠 · 북간토 지역을 타깃으로 한 농촌 갱생 시설, 농촌 공업, 농촌 중견인물 양성 사업에 중점적 조성이 이루어진 것은 흥미롭다. 즉, 재벌의 전향은 국가와 군부에 대한 충성을 서약하고 도시 하층민의 실업이나 궁핍 농촌의 구제를 통해 급진적 국가주의 운동으로부터의 비판을 회피하고자 한 '방어적' 전향이었다(安田, 2002: 206).

방어적이라 함은 적극적으로 국가주의적 논리에 동조한 것이 아니라, 자신의 이익 추구 활동을 포기하지는 않지만, 이를 항상 국가주의적인 사회 동향 하에서 합리화하고 정당화하지 않으면 안 되었음을 의미한다. 결국 재벌 비판에 의해 제기된 사적 이익 추구 부정의 요구에 대해 재벌은 이익 추구를 우회적으로 수정하는 전략, 즉 파시즘적 체제에 전면적으로 협조하는 방향에서 자신의 이익 추구 행동을 보장받고 정당화하는 길을 택했다. 재벌이 제2차 세계대전 후 해체를 당하게 된 근거의 하나는 여기에 있었다.

V 쇼와 공황기 재벌 비판의 특징 – 한국과의 비교에서

쇼와 공황기 일본에서 일어난 재벌 비판의 내용을 살펴볼 때, 한국에서 재벌 비판의 단골 메뉴로 등장하는 치부 과정의 비도덕성, 오너에 의한 전제적 경영에 관한 것이 보이지 않는 점[18]은 대단히 흥미롭다. 정경 유착에 대한 비판은 일본의 경우에서도 보이지만 후술하는 바와 같이 재벌 체제 형성 과정 자체의 비도덕성을 주장하는 견해는 나타나지 않는다. 일본의 재벌이 정치 권력과 유착된 정상(政商)에서부터 발전했다는 사실이나, 재벌의 소유권이 재벌 가족에게 봉쇄적으로 집중되어 있다는 사실을 생각할 때, 이러한 비판이 보이지 않는다는 것은 의외이다. 이하에서는 이러한 차이점이 나타나는 이유에 대해 살펴본다.

1. 재벌의 치부 과정에 대한 비판

막말 유신기의 일본 자본주의 생성기에 정부의 특권적 보호 속에 거부(巨富)를 축적한 미쓰이, 이와사키(岩崎), 스미토모(住友), 야

18) 한국 재벌 부문의 문제로서, 정병후 · 양영식(1992)은 ① '경제력 집중'의 문제, ② 소수 자연인에 의한 산업의 과두 지배와 부의 집중을 야기하는 '소유 구조' ③ 권위주의적 비효율성과 관료주의의 폐해를 가져오고 경영 부실, 노사 문제 격화를 야기하기도 하는 '소유 경영 체제'를, 김대환(1999)은 ① 경제력 집중과 시장 효율의 파괴, ② 권금 유착과 민주화의 지체, ③ 언론 지배와 모방 문화의 유포를 들고 한국의 재벌은 탄생 시부터 권금 유착을 통한 독과점적 지위를 누리면서 형성 · 성장하였기 때문에 역사적 진취성을 찾아볼 수 없다고 한다.

스다(安田)를 비롯해서 고노이케(鴻池), 시부사와(涉澤), 오쿠라(大倉), 아사노(淺野), 후루카와(古河), 고다이(五代) 등의 호상을 정상(政商)이라고 불렀다. 일본의 재벌들은 대체로 이러한 '정상'에 그 기원을 두고 있다. '정상'이란 단어가 현대에서는 일반적으로 "정치 권력에 유착하여 그 용무에 대응한 비즈니스에 종사함으로써 적은 비용으로 많은 수익을 획득하는 자"(森川, 1978: 24)라는 의미로 사용되고 있는 바와 같이, 정상이란 말에는 정치 권력과의 유착이라는 부당한 방법을 통한 이익 획득이라고 하는 부정적인 의미를 내포하고 있다. 그럼에도 불구하고 재벌의 정상적(政商的) 자본 축적에 대한 비판은 별로 보이지 않는다. 이는 정상으로서 활동한 메이지 초·중기의 시대적 성격과 관련을 가지고 있다.

정상에 대해서는 이미 메이지기의 저명한 저널리스트 야마지 아이잔(山路愛山)이 저서 『현대금권사』(現代金權史, 1908)에서 따로 「정상론」이란 항을 마련해 다음과 같이 성격을 규정하고 있다.

> 최초의 메이지 정부, 특히 그 중심적 인물인 이와쿠라(岩倉), 오쿠보(大久保) 등이 국가 스스로 주동(主動)의 위치에서 민업에 간섭하고 인민이 나아가기 전에 국가가 먼저 나아가 인민을 지도·편달, 원조·보호함으로써 하루라도 일본을 서양에 근접시키려는 노력을 하여 온 것은 사실로서, (중략) 이처럼 정부가 스스로 간섭하여 민업의 발달을 도모함에 따라 저절로 나타난 인민의 일계급이 있으니 우리는 이를 이름하여 정상이라고 한다.

아이잔의 입론은 메이지 초기 일본 자본주의의 창립기에 국가의 보호 간섭에 대한 필요성을 설파하고 여기에 정상의 필연성을 인정한 것이라고 할 수 있다(楫西, 1963: 11).

당시 메이지 정부가 이식하고자 한 근대적 산업은 일본에서는 전혀 경험한 바가 없는 새로운 산업이었고 당연히 그 사업에 뛰어든다는 것은 상당한 리스크를 부담함을 의미했다. 정상은 정부를 대신하여 리스크를 부담하고 신산업에 참여하였고, 정부는 그 반대급부로서 정상을 보호하였다. 따라서 정상의 사업은 정부의 사업과 거의 일체화되어 진행되었다. 예를 들면, 에도 시대의 상가에 기원을 두고 있는 미쓰이는 신정부의 근대적 재정 및 금융 제도의 건설 업무에 참여함으로써 막말의 경영 위기에서 탈출하고 부를 획득할 수 있는 기회를 얻었으며, 미쓰비시는 신정부의 해운업 건설에 참여함으로써 막대한 부를 축적할 수 있었다.

따라서 정상이 축적한 막대한 부는 정치와의 유착 관계에서 발생한 것이지만, 그것은 사적 이익의 추구가 아닌 국가의 정책에 참여한 결과로써 얻어진 것이기도 했다. 앞에서 인용한 아이잔의 정상론은 이미 1900년대 초에 정상이 단순히 정경 유착 관계에서 사적인 치부를 도모한 존재가 아니라 메이지 정부의 식산흥업 정책에 참여한 존재로서 인식되고 있었음을 보여 준다. 이러한 인식은 현재 일본의 사학계에서도 공유되고 있다.[19]

19) 일본의 저명한 경제사상사 연구자인 죠 유키오(長幸男)는, “정상에는 분명 네거티브한 면, 예를 들면 뇌물과 권력과 같은 문제가 있지만, 그러나 뇌물이 유일한 수익의 원천과 같은, 즉 뇌물이 시스템화되

그러나 정상적 활동이 언제나 합리화되고 사회적으로 인정받을 수 있는 것은 아니다. 사실 일본의 공업화가 진행되는 과정에서 미쓰이, 미쓰비시 등은 스스로 정상적(政商的) 활동에서 탈피하고 축적 기반을 산업 부문에 기반을 둔 정상적(正常的)인 영업 활동으로 이행시킴으로써 재벌로 성장할 수 있었다. 재벌로서의 위치를 확립한 후의 정경 유착에 대해서는 사회적으로도 준엄한 비판을 받게 되었다. 그 대표적인 예가 미쓰이와 정우회, 미쓰비시와 민정당과의 밀접한 관계에 대한 일반 대중의 부정적 시각이다. 이와 같은 재벌과 정당의 유착 관계는 나중에 재벌 비판에서 재벌과 정당이 함께 기존 정치 체제의 핵심으로서 공격당하게 되는 근거가 되었다.

그러나 이러한 재벌과 정당의 유착 관계를 통해 재벌이 부당하게 부를 축적했다고는 볼 수 없다. 정당 정치가 실현된 후 다수의 정치 권력과 연관된 오직 사건이 일어났지만, 1914년의 지멘스 사건에 미쓰이물산이 연루된 것을 제외하면 재벌이 직접 이런 사건에 관련된 사례는 보이지 않는다. 1920년대의 대표적인 오직 사건으로는 5사철의옥(五私鐵疑獄) 사건(1929년), 상훈국의옥(賞勳局疑獄) 사건(賣勳事件, 1928년), 일련의 도쿄시 의혹 사건 등이 있었다. 이 사건들에는 다수의 정당 정치가들이 관련됨으로써 정당 정치에 대한 불신을 조장하는 데 일조했지만, 재벌이 관련된 것으로는 보이지 않는다.

어 있는 사회(중략)는 아니었습니다. 은행이라든지 대공장을 건설하는 경우 당시의 기술 수준이나 경험에서 보면 대단히 위험성이 높은 사업이었다고 생각됩니다. 따라서 어느 정도 지식이나 경험 또는 자본을 가지고 있는 사람들이 정부와의 관계에서 다양한 식산흥업적인 의미에서의 지시를 받아 사업을 했다고 하는 면이 정상에는 있습니다" 라고 하고 있다(中川敬一郎 · 長幸男 · 金原左門, 1982).

이런 오직 사건은 5사철 사건에서 전형적으로 보이는 것처럼 특정 지역과 관련된 사업을 둘러싸고 지방의 실업가들과 그 지방을 선거구로 하는 국회의원 및 지방자치체 의원 사이에서 일어났다. 재벌과 정당의 유착 관계는 특정 이권의 제공과 그 반대급부로서 뇌물을 공여하는 관계라고 하기보다는 정치 자금을 제공하고 반대급부로서 체제의 유지를 도모한 것으로 보는 것이 타당할 것이다.[20] 그럼에도 불구하고 이런 일련의 오직 사건이 재계 전체에 대한 대중의 불신을 높여 결국 재벌 비판으로 연결된 것은 아이러니컬하다.

2. 소유 경영 체제에 대한 비판

일본의 재벌은 거의 완벽하게 그 소유권이 재벌 가족에게 집중되어 있다. 미쓰이, 미쓰비시, 스미토모와 같은 재벌의 경우, 재벌 가족만의 출자에 의한 지주 회사가 산하 사업 회사의 주식을 소유했다. 특히, 직계 회사로 불리는 주력 사업 회사의 경우는 지주 회사가 주식의 100%를 소유하는 경우가 일반적이었다. 그럼에도 불구하고 한국에서 나타나는 바와 같은 소유와 경영의 미분리에 의한 재벌 오너의 세습 독재 체제에 대한 비판이 보이지 않은 것은 일본의 재벌은 경영자 기업으로서의 성격을 가지고 있기 때문이다.[21]

---

20) 미쓰비시는 민정당의 정치적 후원자였지만, 1916년부터 미쓰비시 재벌의 총수 자리에 오른 이와사키 고야타(미쓰비시의 창업자 이와사키 야타로의 조카)는 '정치 불간섭'을 신조로 하여 "미쓰비시는 정치, 군사의 권외에 서서 국가 경제에 대한 자기의 책무를 다하면 족하다"는 신념을 관철했다.

21) 정진성(1997; 2001), 森川(1980; 1991), 橘川(1997), 武田(1997)을 참조.

물론 당시에도 기업의 오너나 주주의 전횡에 대한 비판이 있었으나 그것은 오히려 비재벌계 기업에 대한 것이었다. 예를 들면, 당시의 저명한 자유주의 경제학자이며 동양경제잡지를 주재하였던 다카하시 가메키치(高橋龜吉)는 그의 저서 『주식회사망국론』(株式會社亡國論)에서 당시 일본 경제의 곤란은 주식회사 제도의 결함에 근거하고 있음을 지적하고, 그 원인은 이윤만을 추구하는 주주의 전횡적 경영 태도에 있다고 규탄하면서, 그 대책으로 "금융업자의 산업 지배 확립에 의해 우수한 금융 자본의 신용과 그 스태프의 관리 경영"을 제시하였다. 여기서의 금융업자란 당시 은행계를 지배하던 재벌 자본을 의미한다. 오히려 재벌 자본에서는 주주의 전횡적 태도가 없으며 그 스태프, 즉 전문 경영자들에 의해 관리 경영되고 있었다는 것이다.

이러한 경영자 기업으로서의 성격을 잘 보여 주고 있는 재벌이 미쓰이나 스미토모와 같이 에도 시대의 상가에 연원을 둔 재벌들이다. 에도 시대의 상가에는 이른바 '반토'(番頭) 경영이라는 관행이 있었다. 상가의 주인은 경영에 직접 나서지 않고 일상적인 경영은 반토에게 위임되었다. 또한 상가의 가족에게는 가헌이나 규칙이 존재하여 가족들의 경영 개입이나 생활에 대한 규제가 있었다. 이러한 전통이 있는 기업에서는 근대화 이후에도 가족이 아닌 전문 경영자에게 경영이 일임되었다.

미쓰이의 경우, 재벌 경영의 실권을 쥔 것은 가족이 아니라 미노무라 리자에몽(三野村利左衛門), 나카미가와 히코지로(中上川彥次

郎), 마스다 다카시(益田孝)와 같은 외부인이었다. 특히, 미쓰이의 공업화를 실행하여 정상에서 재벌로의 이행을 이룬 나카미가와 시대(1891-1901)에는 대학 졸업자를 다수 채용하여 전문 경영자 체제를 확립했다(安岡, 1978; 정진성, 2002). '반토 정치'의 전통이 있는 스미토모가에서도 막말 유신기의 혼란을 대반토 히로세 사이헤이(廣瀨宰平)의 지도 하에 헤쳐 나가는 데 성공했다. 그러나 히로세의 독재가 내외의 비난을 받으며 구식의 반토 경영의 한계가 드러나게 되자, 히로세는 1894년에 사직하였다. 이후 이바 사다타케(伊庭貞剛)의 지도 하에 대학 출신이나 정부 관료 출신의 외부 인재를 영입해 전문 경영자 체제를 이루었다(作道, 1982).

한편, 미쓰비시와 같이 막말 유신기의 혼란기에 적수공권으로 일대 기업을 이룬 재벌의 경우, 재벌 가족의 리더십은 비교적 오래 지속되었다. 미쓰비시의 창업자인 이와사키 야타로는 진두지휘형 기업가의 전형이라고 할 수 있으며, 미쓰비시합자의 4대 사장인 이와사키 고야타는 '사장 독재'라고 할 정도로 강력한 리더십을 발휘했다. 그러나 미쓰비시에서도 이미 야타로 시대에 대학 출신의 인재를 대거 등용하고 있었으며, 1919년의 본사 조직의 개편과 이사회의 신설, 1931년의 사장실 회의 설치 등에 의해 사장을 포함한 전문 경영자의 집단 지도적 체제로 발전하였다(三島, 1981).

이처럼 재벌은 대체로 19세기 말에서 1910년대에 걸치는 시기에 전문 경영자 체제를 형성하게 되었다. 이것은 챈들러가 정의한 바와 같은 엄밀한 의미에서의 경영자 기업은 아닐지 모르지만, 재벌 가족의 영향력이 전문 경영자에 의해 현저하게 제약받게 된 것만은 사실이다.[22] 이처럼 재벌에 전문 경영자 체제가 성립됨으로써 재벌은 공업화에 적극 기여할 수 있었던 것으로 평가받고 있다(森川, 1980; 橘川, 1995).

3. 일본의 재벌 비판의 특징

이상 살펴본 바와 같이 일본 재벌의 경우 부의 축적에 대한 정당성이 사회적으로 인정되고 있었으며, 재벌 가족에 의한 봉쇄적 소유 구조에도 불구하고 재벌 가족의 경영에 대한 참여는 제한되어 있었고 전문 경영자가 의사결정을 하였다. 따라서 독과점에 대한 비판이라든가 중소 상공업자를 압박한다든가 하는 비판은 일본에서도 있었지만, 부의 축적 과정의 정당성이나 재벌 가족에 의한 전횡과 관련된 재벌 비판은 별로 보이지 않는다.

그럼에도 불구하고 쇼와 공황기에 격렬한 재벌 비판이 일어난 것은, 재벌 비판의 발단은 달러 개입이라는 특정한 영업 활동이었지만, 본질적으로는 개별 영업 활동에 대한 비판이 아니라 체제 비판의 일환으로 일어났기 때문이다. 전술한 바와 같이, 대중들의 정치적 욕구가 충족되지 못하는 상황에서 공황이라는 경제적 충격이

22) 챈들러는 "창업자 가족이나 금융업자의 대리인들이 더 이상 톱 레벨의 경영, 결정을 하지 않고, 이러한 결정은 그 회사의 주식을 거의 소유하지 않는 전문 경영자(salaried managers)가 행하는 기업을 경영자 기업이라고 이름 붙일 수 있다" 고 하고 있다(Chandler, 1980: 14). 재벌 가족과 전문 경영자의 관계에 대한 상세한 논의는 정진성(1997)을 참조.

대중의 에너지를 파시즘적 방향으로 몰고 감으로써 기존 체제의 한 축을 이루고 있다고 생각되는 재벌이 '사익'을 추구한다는 의미에서 공격을 받게 된 것이다. 한편, 한국에서의 재벌 비판은 기본적으로 시장 경제의 전제 하에 재벌이 시장 경제의 룰을 위반하고 있음을 지적하고 있다. 재벌 해체의 주장도 효율적인 기업 구조를 위한 것이지 사익 추구를 위한 기업의 활동 자체를 부정하는 것은 아니다.

즉, 일본의 재벌 비판과 한국의 재벌 비판은 그 비판의 출발점이 상이하다. 한국의 재벌 비판이 시장 경제 하에서 사적 이익의 추구를 인정한 위에서의 시장 경제 룰의 파괴자로서 재벌을 비판하고 있는 것이라면, 일본의 재벌 비판은 한국의 재벌 비판이 입각하고 있는 그 전제 자체를 비판하고 있는 데서 시작한다고 할 수 있다.

VI 맺음말 - 재벌 또는 기업의 공공성에 대한 문제 제기로서의 재벌 비판

쇼와 공황기의 재벌 비판은 불황에 따른 대중의 경제적 궁핍이 심화될 때 반대기업 정서가 조성될 수 있음을 보여 주고 있다. 농촌 경제가 파탄하고 도시에 실업자가 넘치는 가운데 미쓰이 재벌의 철저한 경제 논리에 따른 행동은 대중의 반감을 샀다.

그러나 경제적 궁핍이 반드시 반재벌(또는 반대기업) 정서로 표출된다고는 할 수 없다. 누적되는 대중의 불만을 반영하는 데 실패했다는 정치 시스템상의 문제도 지적해야 할 것이다. 보통선거의 실시로 과거에 비해 크게 성장한 대중의 정치적 욕구를 기존 정당 정치 체제는 수용하지 못했다. 재벌 또한 새로이 성장하는 대중들에 대해 자신의 영리 활동의 정당성을 인정받는 노력을 게을리한 채 기존 정당의 후원자로서의 역할에 안주했다.[23)]

재벌 비판의 선봉에 선 그룹은 기존 정치 체제의 외부에 존재했던 우익 혁신 그룹이었다. 이들은 대중의 불만을 적극적으로 수용하면서 쇼와유신 운동을 전개하여 재벌과 정당을 기존 체제의 핵심으로 간주하고 공격 타깃으로 삼았다. 재벌 비판은 재벌의 기업으로서의 행동을 "대중이 주역의 하나로 등장하게 된 단계에서의 정치 논리"(山崎, 1990: 120)가 제약하는 결과를 가져왔다.

재벌 비판 대책으로 이루어진 재벌 전향은 일부 경제적으로 합리적인 내용이 있지만 미쓰이보은회로 대표되는 사회사업의 전개 및 기부 등의 행동에서 볼 수 있듯이 국가주의적 운동으로부터의 비판을 회피하고자 한 방어적 성격의 것이었다.

한국의 재벌 비판과 비교해 볼 때, 재벌의 치부 과정이나 소유 경영 체제에 대한 비판이 별로 보이지 않는 점은 흥미롭다. 메이지

23) 이 시기에 보다 넓은 민주주의적 기반 위에서 기업과 정치의 새로운 관계 설정을 위한 노력이 재계에 없었던 것은 아니다. 1923년 가네가후치(鐘淵)방적회사의 사장이면서 실업동지회를 만들어 정치 활동을 한 무토 산지(武藤山治)는 근대적 비즈니스맨의 이해를 정치에 반영하고자 했는데, 이것은 예전부터 내려온 정상적 관계와는 전혀 다른 근대적 의식이라고 할 수 있다. 武藤에 관해서는 入交(1964), 竹內(1986)를 참조.

기의 정상적 활동이 국사로서 인식되었다는 점, 봉쇄적 소유 구조에도 불구하고 반토 경영의 전통이 있는 일본에서는 전문 경영자 체제가 비교적 쉽게 자리잡았다는 것이 그 이유로 생각된다. 한국과 비교할 때 일본의 재벌 비판은 시장 경제의 룰의 위반자에 대한 비판이라기보다는 시장 경제의 룰 자체에 대한 비판, 즉 체제 비판이라고 할 수 있다.

재벌 비판을 반기업 정서에 대한 기업 측의 대응이란 관점에서 볼 때, 재벌 비판은 일본에서는 처음으로 기업의 공공성, 또는 사회적 책임이란 문제를 전 사회적으로 제기한 사건이라고 볼 수 있다. 재벌 비판의 핵심이 재벌의 사적 이익의 추구에 있었기 때문에 재벌은 자신의 공공성을 대중에게 보여 주어야만 했기 때문이다.

문제는 대중이 재벌에 요구한 공공성이었다. 불행히도 일본의 정당은 대중의 욕구를 정당 정치 내부로 흡수하는 데 실패했다. 대중의 욕구를 이용하여 정치적 발언권을 높인 것은 혁신 우익 등의 국가주의자들이었으며, 따라서 대중들이 요구한 기업의 공공성은 국가주의자들의 공공성으로 조작·유도되었다. 즉, 천황제 파시즘의 이데올로기에 충실한 것, 천황제 국가의 정책에 협력하는 것이 공공성의 확보였다.

그러나 이러한 공공성은 국가적 공공성에 종속된다고 하는 한계를 가지는 것이었다. 즉, 파시즘적 국가 체제의 유지를 위해 봉사함으로써 확보되는 공공성이었기 때문에 파시즘 체제가 붕괴되었을 때, 공공성 또한 유지될 수 없었다.

따라서 전후 기업의 공공성 또는 사회적 책임의 내용은 새로이 정의되어야 했으며, 그것은 단순한 국가 정책에 대한 협조, 보완이 아닌 보다 넓은 민주주의적 기반 위에서 세워진 공공성이어야 했다. 그것의 구체적 모습은 일본이 전후 민주주의의 세례를 받은 뒤 새로운 민주 국가로서의 틀이 잡히기 시작한 1950년대 중반에 이르러서야 가능했다. 경제동우회가 1956년에 새로운 경영 이념으로서 제시한 「기업의 사회적 책임의 자각과 실천」은 기업의 공공성, 또는 사회적 책임에 대한 전후 일본 사회의 대답이었다.[24] 이 해의 전년인 1955년은 양당 체제가 확립되고(55년 체제), 춘투가 제도화된 해였으며, 고도 경제 성장이 시작된 해이기도 했다.

24) 이 제언의 일절을 인용하면 다음과 같다. "원래 기업은 오늘날에 있어서 단순 소박한 사유(私有)의 영역을 벗어나 사회 제도의 유력한 일환을 이루고 그 경영도 단지 자본 제공자로부터 위임된 것만이 아니라 이를 포함한 전 사회로부터 신탁받은 것이다. 이와 동시에 개별 기업의 이익이 그대로 사회의 이익과 조화를 이루던 시기는 지나고 현재는 경영자가 스스로 그 조절에 노력하지 않으면 국민 경제의 번영은 물론 기업의 발전을 도모하는 것도 불가능하기에 이르렀다. 바꿔 말하면 현대의 경영자는 윤리적으로도 실제적으로도 단순히 자기 기업의 이익만을 추구하는 것은 허락되지 않으며, 경제, 사회와 조화하면서 생산 요소를 가장 유효하게 결합하여 저렴하면서 양질의 상품을 생산하고 서비스를 제공한다고 하는 입장에 서지 않으면 안 된다. 그리하여 이러한 형태의 기업 경영이야말로 실로 근대적이라고 할 만한 것이며 경영자의 사회적 책임이란 이를 수행하는 것에 다름 아니다"(經濟同友會, 1976: 391-392). 결성 당시부터 1950년대까지의 경제동우회의 활동에 대해서는 岡崎 外(1996), 小林(1995), 谷口(2002)를 참조.

참고문헌

김대환, 「재벌문제의 인식과 재벌개혁의 방향」, 김대환 · 김균 편, 『한국재벌개혁론』, 나남출판, 1999.

김은희 · 함한희 · 윤택림, 『문화에 발목잡힌 한국 경제』, 현민시스템, 1999.

服部民生(유한성 · 국중호 역), 『일본이 본 한국의 기업경영과 재벌』, 화평사, 1991.

정병휴 · 양영식, 『한국재벌부문의 경제분석』, 한국개발연구원, 1992.

정진성, 「재벌가족과 전문경영자」, 『韓日經商論集』, 제12권, 1997.

______, 「일본재벌의 기업지배구조」, 『論文集』, 제32집, 한국방송통신대학교, 2001.

______, 「三井의 경영이념-江戸시대에서 明治시대까지를 중심으로-」, 『경제사학』, 제32호, 2002.

青木一男, 『聖山隨想』, 日本經濟新聞社, 1959.

池田成彬, 『財界回顧』, 世界之日本社, 1949.

岩田龍子, 『「日本的經營」論爭』, 日本經濟新聞社, 1984.

入交好脩, 『武藤山治』, 吉川弘文館, 1964.

岡崎哲二 他, 『戰後日本經濟と經濟同友會』, 岩波書店, 1996.

小倉信次,『戰前期三井銀行企業取引關係史の研究』, 泉文堂, 1990.
春日豊,「『財閥轉向』の一側面」, 東敏雄・丹野清秋 編,『近代日本社會發展史論』, ペリカン社, 1988.
楫西光速,『政商』, 筑摩書房, 1963.
橘川武郎,「戰前日本の産業發展と財閥(一)」,『社會科學研究』, 第47卷 第3號, 1995.
______,『日本の企業集團』, 有斐閣, 1997.
經濟同友會,『經濟同友會三十年史』, 1976.
小林正彬,『政府と企業』, 白桃書房, 1995.
作道洋太郎 編,『住友財閥』, 日本經濟新聞社, 1982.
高橋龜吉,『株式會社亡國論』, 萬里閣, 1930.
______,『財界變動史』 中卷, 東洋經濟新報社, 1955.
武田晴人,『財閥の時代』, 新曜社, 1995.
竹內壯一,「近代日本ブルジョアジーの特質 −大倉喜八郎と武藤山治を例として−」, 野村隆夫,『近代社會の成立と展開』, 日本經濟評論社, 1986.
谷口照三,『戰後日本の企業社會と經營思想 −CSR經營を語る一つの文脈−』, 文眞堂, 2007.
長幸男,『昭和恐慌』, 岩波書店, 1973.
中川敬一郎,『比較經營史序說』, 東京大學出版會, 1981.
中川敬一郎・長幸男・金原左門,「〈座談會〉財閥と官僚 −その結びつきの所以」,『歷史公論』, 第8卷 第3號, 1982.

橋本壽朗,「巨大産業の興隆」,『日本經濟史6 二重構造』, 岩波書店, 1988.

松本清張,『昭和史發掘 4』, 文藝春秋社, 1978.

三島康雄 編,『三菱財閥』, 日本經濟新聞社, 1981.

三井文庫,『三井事業史 本篇 第三卷中』, 三井文庫, 1994.

森川英正,『日本財閥史』, 教育社, 1978.

______,『財閥の經營史的研究』, 東洋經濟新報社, 1980.

______,「なぜ經營者企業が發展するのか」, 森川英正 編,『經營者企業の時代』, 有斐閣, 1991.

安岡重明,「日本財閥の歷史的位置」, 安岡重明 編,『日本經營史講座3 日本の財閥』, 日本經濟新聞社, 1976.

______,「中上川彦次郎」, 安岡重明 外,『日本の企業家(1)』, 有斐閣, 1978.

安田常雄,「財閥と財閥の轉向」, 石井寛治・原朗・武田晴人 編,『日本經濟史 3 兩大戰間期』, 東京大學出版會, 2002.

山崎廣明,「「ドル買い」と横浜正金銀行」, 山口和夫・加藤俊彦,『兩大戰期間の横浜正金銀行』, 日本經營史研究所, 1988.

______,「三井物産と安川雄之助」, 中川敬一郎 編,『企業經營の歷史的研究』, 岩波書店, 1990.

和田日出吉,『三井コンツェルン讀本』, 春秋社, 1937.

Chandler, Alfred D., "The United State: Seedbed of Managerial Capitalism," A. Chandler and H. Daems, eds., *Managerial*

Hierarchies: Competitive Perspective on the Rise of the Modern Industrial Enterprise, Harvard University Press, 1980.